미국 흑인의 역사

-진정한 해방을 위한 발자취-

혼다 소조 지음 | 김효진 옮김

AK

일러두기

1. 이 책의 일본 인명과 지명은 국립국어원 외래어 표기법에 따라 표기하였다.

2. 서양 지명 및 서양 인명은 영어 표기를 기준으로 했다.

3. 책 제목은 『』, 잡지나 신문, 영화와 드라마 등은 《 》로 표시하였으며, 이외의 인용, 강조, 생각 등은 따옴표를 사용했다.

4. 본문 중 굵게 표시한 것은 저자가 강조한 것이며, *의 주는 저자가 단 것이다.

5. 이 책은 산돌과 Noto Sans 서체를 이용하여 제작되었다.

시작하기 전에

이 책의 구판이 출간된 것은 1964년 여름이다. 그 후, 4세기 반 남짓한 세월 동안 당초 예상을 크게 웃도는 수많은 독자를 얻을 수 있었다. 그동안 친구나 지인으로부터 직접, 귀중한 의견을 들을 수 있었던 것 이외에 일면부지의 열성 독자에게도 질문과 감상이 담긴 편지를 여러 통 받았다.

그중에는 피차별 부락의 중학생, 환갑을 훌쩍 넘긴 재일 조선인, 흑인과 결혼해 미국에 사는 일본인 여성 등의 독자가 보낸 편지도 섞여 있었지만, 대개는 대학에서 공부하는 학생이나 고등학교를 졸업하고 일과 학업을 병행하는 젊은 독자에게 온 것이었다. 또 고교생 대상의 세계사 및 사회과 교과서와 참고서 등에 일부 내용이 자료로 실리기도 했다. 저자로서 더없는 기쁨이었다.

지금도 대학에서 학생들과 함께 미합중국의 역사 그중에서도 흑인사를 연구하고 있는 나는 수업 중에 상대도 잘 알고 있을 거라고 착각해 '그때 그 워싱턴 대행진 당시……'라거나 '그 케네디 대통령이 암살된 것은……'라는 등의 말을 무심코 하곤 한다. 그럴 때 학생들 얼굴에 떠오른 곤혹스러운 표정에 이번에는 내가 당황해 잠시 이야기를 멈추고 그 내용을 설명하는 것에서부터 다시 시작하는 경우가 종종 있다. 생각해보면 당연한 일이다. 내가 '오늘의 중대 뉴스'로 실감했던 일련의 사건들이 일어났을 때 그리고 이 책의 구판이 출판되었을 때도 학생들은 아직 세상에 태어나지도 않은 것이다.

미국사 연구자인 내가 동시대를 살며 겪은 전후 미국 흑인사에 일어난 다양한 사건은 그들과 같은 젊은 세대 독자에게는 완전히 '과거의 역사적 사건'이 되어버린 것이다. 구판에서는 이 점에 대해 거의 언급하지 않았다. 이제 이들 사건은 젊은 세대의 독자뿐 아니라 각각의 사건을 당시의 중요한 시사 문제로 몸소 겪고 느껴온 내게도 역사 연구의 대상으로 상대화하고 그 전체상에 대해 고찰하지 않으면 안 될 시기가 왔다는 것을 꽤 오래전부터 통감하고 있었다. 개인적 사정으로 미루어왔던 이 과제를 어떻게든 해결하기 위해 펴낸 것이 이번 신판이다.

구판에서는 역사 연구로서 서술하기 어려웠던 공민권 투쟁을 중심으로 한 흑인 해방운동과 그 후 흑인들의 상황 변화에 관한 세 개의 장을 추가하고 프롤로그도 지금의 시점으로 새롭게 썼다. 그 이전의 역사 부분은 이후의 연구사를 바탕으로 일부 가필·삭제해 정정했으나 그 내용에 대해서는 기본적인 입장, 즉 역사 인식에 변화가 없는 만큼 주로 문체와 형식을 통일하는 데 중점을 두었다.

가까운 장래에 새로운 세대의 역사 연구자들의 손으로, 새로운 시대에 맞는, 새로운 미국 흑인의 역사를 써 냄으로써 이 책이 쓸모없어질 날이 오기를 바라며 그날이 오기까지 가교 역할을 하고자 이 책을 썼다고 하는 것이 지금의 내 솔직한 마음이다. 그것이 학문 연구를 계승하고 발전시키는 길이 아닐까.

한편, 이것과는 차원이 다르지만 1986년 당시 나카소네 야스히로 일본 수상의 '미국에는 흑인, 푸에르토리코인, 멕시코인들이 상당수 있어 평균적으로 보면 지적 수준이 매우 낮다. 미국에는 지금도 글을 모르는 흑인이 상당히 많다'라는 발언, 그로부터 2년 후 당시 자민당 정책조사회 와타나베 미치오 회장의 '미국에는 흑인들이 많아서 내일 당장 파산한다고 해도 아무렇지 않게 생각한다'라는 발언 그리고 불과 2년 후인 1990년 당시의 법무대신 가지야마 세이로쿠의 '악화가 양화를 구축한다던가, 미국에 흑인이 들어와 백인이 쫓겨난 것처럼 신주쿠도 혼재지가 되었다'라는 발언 등 일본의 일부 정치가들에게서 볼 수 있는 '지성'의 결여를 넘어선 파렴치하기 짝이 없는 언사에 상징적으로 드러난 차별 의식은 결코 그들만의 문제로 치부해서는 안 된다. 우리 모두 각자 자신의 문제로 진지하게 생각해야 할 일이다. 거기에 이 책이 크건 작건 적극적인 역할을 할 수 있기를 바란다.

부족한 책이지만 많은 분의 조력 덕분에 완성할 수 있었다. 그중에서도 히토쓰바시대학교의 조교수 쓰지우치 마코토 씨와 동 대학 박사과정 대학원생인 오모리 가즈테루 씨의 도움이 컸다. 특히 쓰지우치 씨는 재외 연구 중의 귀중한 시간 대부분을 나를 위해 할애해주었다. 두 분의 아낌없는 협력이 없었다면 이 책의 간행은 훨씬 더 나중으로 미루어졌을 것이다. 또 이와나미 신서 편집부의 도미타 다케코 씨는 내 염치없고 제멋대로인 주문을 모두 끈기 있게 들어주었다. 이분들의 후의에 깊은 감사를 드린다.

1991년 1월 2일

혼다 소조

목차

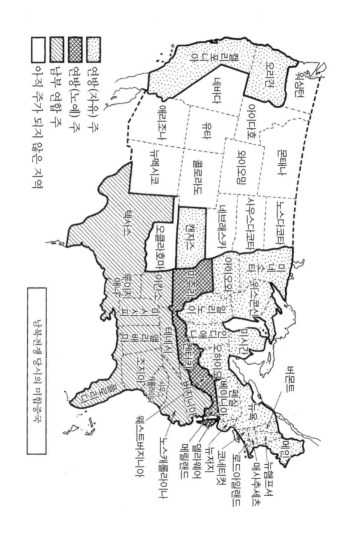

남북전쟁 당시의 미합중국

연방(자유) 주
연방(노예) 주
남부 연합 주
아직 국가 되지 않은 지역

위싱턴
오리건
네바다
아이다호
유타
와이오밍
콜로라도
뉴멕시코
애리조나

몬태나
노스다코타
사우스다코타
네브래스카
캔자스
오클라호마 인디언
텍사스

미네소타
아이오와
미주리
아칸소
루이지애나

위스콘신
일리노이
미시간
인디애나
켄터키
테네시
미시시피
앨라배마
조지아
플로리다
사우스캐롤라이나
웨스트버지니아
노스캐롤라이나

미주리
아칸소
루이지애나

메인
뉴햄프셔
매사추세츠
코네티컷
뉴저지
델라웨어
메릴랜드
버몬트
오하이오
펜실베이니아
뉴욕
버지니아
로드아일랜드

나는 검은 아프리카 대륙의 해안을 떠나
이곳에 왔다
'자유의 조국'을 세우기 위해

자유?

오, 미국을 다시 미국답게 하자
지금껏 되어본 적이 없던 나라
그러나 반드시 되어야 할 나라
'모든' 사람이 자유로운 나라
나의 조국이라 부를 수 있는 나라
가난한 자, 인디언, 흑인, '나'의—

오, 그래
나는 솔직히 말하겠다
미국은 내게 미국이었던 적이 없다
그러나 나는 맹세한다
미국은 그렇게 될 것이라고!
무한히 펼쳐진 이 땅에
우리의 위대한 꿈은 되살아날 것이다

-랭스턴 휴스의 「미국을 다시 미국답게 하자
Let America be America again」 중에서

프롤로그
— 미국에서 흑인이란

가스실로 사라진 흑인 청년의 호소

1987년 5월 20일 오전 0시 1분, 미시시피주 선플라워 카운티 파치맨에 있는 주립 형무소 내 가스실에서 리크 카운티 고등 법원의 판결로 26세, 한 청년의 사형이 집행되었다. 형이 집행된 지 5분 후인 0시 6분, 그의 심장은 완전히 기능을 멈추었다.

청년의 이름은 에드워드 얼 존슨Edward Earl Johnson, 미합중국에서도 인종차별과 편견이 가장 뿌리 깊게 남아 있는 디프사우스 지역 미시시피주 출신 흑인이었다.

'사건'은 8년 전으로 거슬러 올라간다. 1979년 6월, 리크 카운티의 월넛 그로브에서 괴한의 공격을 받은 60세 백인 여성을 구조하기 위해 출동한 백인 보안관이 살해당했다. 존슨은 이 보안관 살해 혐의로 체포되었다. 현장에서 도주한 차량과 같은 차를 소유했다는 것이 유일한 체포 이유였다. 일찍이 존슨과 안면이 있던 피해 여성은 대질 조사를 통해 자신을 공격한 것이 존슨이 아니라는 사실을 분명히 증언했다. 그런데도 존슨은 일단 석방된 후 또다시 물적 증거 하나 없이 체포되었다. 경찰에 연행된 그는 미리 준비되어있던 허위 자술서에 강제로 서명을 하게 되었다. 그 일에 대해 존슨은 이렇게 이야기했다.

일요일 저녁, 보안관과 조사관 두 사람은 인적이 없는 길가에 차를 세웠다. '시키는 대로 대답하지 않으면 죽이겠다'라는 협박에 당시 18세였던 나는 어찌할 바를 몰랐다. 그저 눈앞이 캄캄했다. ……도와줄 사람도 없었다. 두 사람은 백인이고 나는 흑인. 그들이 시키는 대로 하지 않으면 나는 죽을 게 분명했다. ……경찰서에서 그들은 내게 서명을 강요했다. '내용은 신경 쓸 것 없으니 일단 서명해'라고. 나는 너무 무서워서 서명했다.

형무소장은 차치하고 간수나 복역자 중 누구도 존슨을 진범이라고 생각하지 않았다. 형무소장도 7년 넘게 무죄를 주장하며 형무소 생활을 하던 그의 복역 모습에 대해 '존슨은 모범수였다'라고 말했다.

변호인단을 통해 주 대법원과 연방 지방법원에 제출한 재심 및 형 집행 정지 신청은 각하되고 주지사의 특별 사면도 받지 못한 채 '진심으로 신을 믿으면, 신은 반드시 자신의 혐의를 벗겨주신다'고 기도했던 존슨의 바람도 헛되이 그의 사형은 예정대로 집행되었다. 사형 집행 후 이루어진 회견에서 질문에 답한 형무소장은 존슨의 마지막 말을 '나는 무죄다. 아무도 원망하지 않는다. 지금까지 힘이 되어준 사람들에게 감사한다' 그리고 다시 한번 '나는 무죄다!'라고 작지만 분명하게 덧붙였다고 대답했다.

'지금과 같은 문명사회에서 어떻게 이런 일이 용인될 수 있단 말인가!' 형 집행 직전까지 존슨을 담당했던 백인 교회사教誨士의 말이다.

미합중국에서 흑인이 백인을 살해했을 때 사형을 선고 받는 비율은 백인이 흑인을 살해한 경우의 약 4배 이상에 달한다. 그러나 존슨의 경우, 그가 진범이 아니라 누명을 썼다는 것은 거의 분명하다. 앞에서 말한 피해 여성의 증언만이 아니다. 형 집행 후, 변호인단은 피해 여성이 공격당한 그날 같은 시각에 존슨과 함께 당구장에 있었다는 흑인 여성을 찾아냈다. 이 여성이 법정에서 그의 알리바이를 증언하려 했을 때 백인 담당관으로부터 '쓸데없는 짓 하지 말라'며 저지당했다.

하지만 이 '사건'이 가진 더 큰 의미는 그의 사형 판결이 단순한 누명에서 비롯된 것이 아니라는 점이다. 존슨 스스로도 이야기한 바 있듯 그의 유죄(사형 판결)는 '재판 이전에 결정이 나 있었다'라는 것이다. 그것은 미시시피 주라는 '닫힌 사회'에서 용의자는 흑인, 살해당한 피해자는 백인 보안관 그리고 이를 심판하는 백인 권력이라는 인종 역학이 필연적으로 초래한 결과였다. 동시에 미시시피주라는 특정한 한 주에 국한되지 않고 WASP(White Anglo-Saxon Protestant, 앵글로 색슨계 백인 프로테스탄트)를 중심으로 하는 다인종·다민족 국가인 미합중국에 오늘날 더욱 견고히 존재하는 백인 우월＝흑인 경시라는 인종주의의 다양한 구도의 일면을 가장 극적으로 드러낸 것이라고도 할 수 있다.

워싱턴 대행진 25주년 기념집회

존슨의 사형 집행 후 1년 3개월이 지난 1988년 8월 27일, 수도 워싱턴에서는 25년 전의 '워싱턴 대행진(1963년 8월 28일)'과 그 상징적 인물이었던 마틴 루터 킹Martin Luther King 목사를 기념하는 대중 집회가 열렸다.

당시는 가을에 열릴 대통령 선거를 앞두고 민주당과 공화당 양당의 대통령 후보도 결정된 후였기 때문에 집회는 선거전의 양상을 보였다. 오전에 이루어진 워싱턴 기념탑에서 링컨 기념관까지의 행진에는 후보 지명조차 받지 못했지만, 민주당 전국대회에서 '검은 선풍'을 일으킨 제시 잭슨 목사와 같은 당의 대통령 후보인 매사추세츠 주지사 마이클 듀카키스가 킹 목사의 부인 코레타 스콧, 아들 마틴 루터 킹 3세, 애틀랜타 시장 앤드루 영 등과 함께 팔짱을 끼고 참가했다. 주최 측은 공화당의 후보인 조지 부시 부대통령에게도 초대장을 보냈지만 마침 텍사스주에서 유세 중이었던 그는 '흑인과 그 밖의 소수자들이 획득한 성과'를 강조한 간단한 메시지를 보냈을 뿐 직접 집회에 모습을 드러내지는 않았다.

듀카키스는 연설 중에 '이 집회는 공민권 운동의 25년간의 성과를 기리는 행진이나 집회가 아니다. 이 세상에서 흑인 차별, 반유대주의 등의 모든 인종차별이 사라질 때까지 계속되어야 할 행진이며 집회다'라고 말했으며, 킹 목사와 함께 공민권 운동에 투신했던 잭슨은 '킹 목사가 호소한 꿈이 꿈으로 끝나서는 안 된다. 흑인들은 여전히 임금 이외에도 다양한 인종차별을 받고 있다. 공민권 요구 운동은 더욱 강화되어야 한다'라고 호소했다.

코레타 스콧 킹은 '우리에게는 여전히 인종주의와 차별의 암으로부터 국민을 해방해야 할 꿈이 있다. 모든 사람이 사랑과 배려 속에서 형제자매로서 평등하게 살아가기를 바라는 꿈이 있다'라며 25년 전 킹 목사가

'나에게는 꿈이 있습니다. 언젠가 이 나라가 '모든 사람은 평등하게 태어났다'는(독립선언에 쓰인 문구) 자명한 진리를 받아들이고 그 진정한 의미를 신조로 삼아 살아갈 날이 오리라는 꿈입니다.

나에게는 꿈이 있습니다. 언젠가 조지아의 붉은 언덕 위에서 옛 노예의 후손들과 옛 주인의 후손들이 형제로서 함께 탁자에 둘러앉게 될 날이 오리라는 꿈입니다.

나에게는 꿈이 있습니다. 언젠가 부정과 억압의 열기에 찌든 미시시피주도 자유와 정의의 오아시스로 변할 날이 오리라는 꿈입니다.

나에게는 꿈이 있습니다. 언젠가 나의 네 아이들이 피부색이 아닌 인격에 의해 평가받는 나라에서 살게 될 날이 오리라는 꿈입니다.

나에게는 꿈이 있습니다. 언젠가 계곡이 높이 솟아오르고 모든 언덕과 산은 낮아져 거친 곳은 평평해지고 굽은 곳은 곧게 펴져 신의 영광이 나타났을 때 모든 사람들이 함께 그 광경을 지켜보는 꿈입니다.

이것이 우리의 희망입니다'

라고 전 국민에게 호소한 '그 꿈'이 아직까지 실현되지 못했다는 것을 강조하고 더 나아가 여성의 사회적, 정치적 진출과 빈곤에서 국민을 해방시켜야 한다고 호소했다.

33도에 달하는 폭염 속에서 열린 이 대중 집회에는 전국 각지에서 5만 5천 명의 참가자가 모였다. 1963년 워싱턴 대행진의 20여만 명, 1983년 20주년 기념집회의 30여만 명에 비하면 훨씬 적었지만, 그 정신은 흑인뿐 아니라 새로운 시대 감각을 지닌 백인 청년 세대, 그 밖의 소수자들에게 맥이 이어졌다.

'인종차별 전면 폐지!' '공민권법의 완전 실시!' '일과 자유!' '평등한 임금!' 등의 무수한 현수막 중에서도 특히 사람들의 이목을 끈 것은 '우리는 이겨낼 것이다'라고 크게 쓰인 커다란 직사각형 판자 위에 가로세로 '평화PEACE'라는 열 글자를 쓴 지름 약 1미터의 원형 판자를 조합한 거대한 현수막이었다.

1950년대 중반부터 1960년대에 걸쳐 격렬히 전개된 공민권 운동으로, 미국 흑인의 상황은 다방면에서 개선되고 그들의 지위도 전반적으로 급속히 향상된 것은 분명한 사실이다. 그 구체적 상황에 대해서는 마지막 장에서 다루겠지만, 그런데도 많은 전문 연구자들의 협력으로 출간된 1989년의 조사 보고서 《공통의 운명―흑인과 미국 사회A Common Destiny: Blacks and American Society》는 1939년 이후, 약 50년 동안 변화해온 흑인의 지위를 '절반쯤 찬 컵(달성된 성과)' 또는 '절반쯤 빈 컵(백인과의 격차)'을 뜻하는 'a glass that is half full or a glass that is half empty'라는 표현으로 적절히 비유했다.

하지만 이것은 이 시기만을 대상으로 각종 자료를 통계적으로 비교한 단순한 수량상의 비유일 뿐, 오늘날 미국 흑인 역사의 역동성을 보여주는 것은 아니다. 하물며 반세기 전 흑인의 상황이 절대적으로나 상대적으로 얼마나 열악했든 흑인의 역사적 현실이 '완전히 비어있다'라는 식으로 표현될 수는 없다. 사실 미국 흑인은 그보다 훨씬 이전부터 이미 3세기가 넘는 오랜 세월에 걸쳐 흑인 노예제도와 인종차별 제도라는 중압에 눌려있었지만, 자신들의 해방과 미국의 사회 진보를 위해 당당히 투쟁해온 지난하고도 눈부신 역사를 가지고 있다.

이 책은 그런 흑인들의 발자취를 미국사의 맥락 속에서 개관하는 것을 목적으로 한다.

미국에서 흑인이란

매년 미국 상무부의 국제 조사국이 발행하는《미국 통계연감U. S. Bureau of the Census, Statistical Abstract of the United States》의 1990년도 판에 따르면, 1988년 시점에 미합중국에서 흑인으로 간주되는 사람들은* 총인구의 12.3퍼센트

* 아프리카 노예무역에 종사한 스페인인이나 포르투갈인은 아프리카인 노예를 Negro라고 불렀는데 이 말은 본래 '검다'를 의미하는 라틴어 niger에서 유래했다. 그 후, 수세기 동안 미국 흑인은 모멸적인 의미를 담아 Negro(혹은 Colored)라고 불리었다. 공민권 운동이 한창이던 1960년대에 이르러 흑인들은 스스로에 대한 긍지를 담은 표현으로 Black을 사용하게 되었으며 현재는 일상 회화는 물론 신문이나 서적 등의 인쇄물에서도 Negro 대신 Black이 널리 쓰이고 있다. 공식적으로는 뒤에 American을 붙여 Black American, Afro American, African American 등이 쓰인다. 거기에는 먼 조상을 공유하는 과거의 모국, 아프리카인들에 대한 연대감과 동시에 미국인으로서의 흑인의 정체성을 주장하는 미국 흑인의 자의식이 강하게 드러나 있다.

10년마다 실시되는 국세 조사에서는 1790년 제1회 국세 조사 이후 1950년의 제17회 국세 조사에 이르기까지 흑인은 모든 항목에서 Negro(혹은 Colored)라고 기재되었다. 1960년 제18회 국세 조사 용지에는 여전히 Negro라는 표현이 사용되었지만 1970년의 국세 조사 용지에는 Negro or Black, 그리고 1980년과 1990년에는 Black or Negro와 같이 전후가 바뀌어 기재되었다. 또 매년 상무부 국세 조사국에서 발행하는《미국 통계연감》의 인종별 항목에는 1976년도 판까지는 전부 Negro라는 표현이, 1977년도 판 이후로는 모두 Black이라는 표현이 사용되었다.

1990년은 제21회 국세 조사가 실시된 해로 현시점에서는 그 자료를 이용할 수 없다. 제1회 국세 조사부터 1980년까지 연도별 국세 조사로 파악된 흑인 인구와 총인구 중 흑인 인구가 차지하는 비율은 〈표1〉과 같다.

〈표1〉미합중국 흑인 인구와 총인구 중 흑인이 차지하는 비율

조사연도	실 수(천 명)	비율(%)
1790	757	19.3
1800	1,002	18.9
1810	1,378	19.0
1820	1,772	18.4
1830	2,329	18.1
1840	2,874	16.8
1850	3,639	15.7
1860	4,442	14.1
1870	4,880	12.7
1880	6,581	13.1
1890	7,489	11.9
1900	8,834	11.6
1910	9,828	10.7
1920	10,463	9.9
1930	11,891	9.7
1940	12,866	9.8
1950	15,045	9.9
1960	18,872	10.5
1970	22,581	11.1
1980	26,488	11.7

출처: U. S. Bureau of the Census, Statistical Abstract of United States, 1981, p. 25.

를 차지하는 3032만 6,000명으로 국세 조사국이 이를 바탕으로 예측한 결과 1990년에는 3114만 8,000명(총인구의 12.4퍼센트), 1995년에는 3319만 9,000명(총인구의 12.8퍼센트), 2000년에는 3512만 9,000명(총인구의 13.1퍼센트) 그리고 2015년에는 4천만 명을 훨씬 뛰어넘어 총인구의 14퍼센트에 달하게 되리라고 추정했다.

그들은 대부분 16세기부터 19세기에 걸쳐 모국인 아프리카 대륙에서 명백한 폭력에 의해 강제적으로 서반구로 끌려온 아프리카 흑인의 자손이다. 인종적으로는 여러 아프리카 흑인 종족의 피가 다종다양하게 섞여 있는 흑인과 여기에 또다시 백인이나 인디언 그리고 그 밖의 피가 섞여 있는 두 종류로 나눌 수 있다. 만약 첫 번째를 '순수한 흑인(흑인뿐 아니라 현실적으로 '100퍼센트 순수한 인종'이란 존재하지 않기 때문에 이 경우도 정확히는 '비교적 순수한 흑인'이라고 해야 할 것이다), 두 번째를 '혼혈 흑인'이라고 부른다면 인종의 전시장이라고도 불리는 미합중국에서도 오랜 세월에 걸친 흑인 노예제도와 그 후의 흑인 차별제도를 겪으며 그 전시장에서 배제되었겠지만, 실제 '순수한 흑인'은 일반적인 생각보다 훨씬 적고 '혼혈 흑인'이 훨씬 많다.

국세 조사를 비롯한 각종 인구 통계에서 인종을 구분

할 때는 보통 '백인' '흑인' '그 밖의 인종'의 세 그룹으로 나누는데 '흑인'과 '그 밖의 인종'을 일괄적으로 '비非 백인'으로 나타내기도 한다. 여기서 흑인이란 '혼혈 흑인'이나 '순수한 흑인'의 구별 없이 모두 '흑인'으로 간주하고 백인과의 혼혈은 '흑인의 피가 얼마나 섞였든 흑인으로 신고해야 한다'라는 것이 국세 조사국이 지시해온 흑인에 관한 분류상 기준이다. 이러한 기준의 적용은 1950년의 국세 조사까지는 보통 계수하는 사람의 소견에 따라 판단했지만 1960년 이후부터는 그 밖의 인종과 마찬가지로 흑인에게도 원칙적으로 자진신고제*가 적용되었다.

예컨대 1970년에 제정된 루이지애나의 주법州法에 따르면 32분의 1 이상 흑인의 피가 섞인 주민은 흑인으로 간주하고 출생, 결혼, 사망 등의 증명서에 흑인으로 명기되었다. 이런 기준은 흑인 시인 랭스턴 휴스Langston Hughes가 자신의 저서 『대양The Big Sea』에서 '미합중국에서 흑인이라는 말은 혈관 속에 조금이라도 흑인의 피가 흐르는 사람이라면 누구에게나 적용된다'라고 말한 흑인

---

* 1980년 제20회 국세 조사 용지의 '인종'란에는 다음의 15개 그룹이 열거되어있었으며 그중 한 곳에 본인이 표시하게 되어있다. White, Black or Negro, Japanese, Chinese, Filipino, Korean, Vietnamise, American Indian, Asian Indian, Hawaiian, Guamanian, Samoan, Eskimo, Aleut, Other. 또한 1990년에 실시된 제21회 국세 조사의 경우 형식이 바뀌면서 Japanese 이후의 순서가 바뀌기는 했지만, 내용은 같다.

에 대한 미국의 사회 통념과도 완전히 합치한다. 그것은 반대로 말하면, 백인의 피가 아무리 많아도 흑인의 피가 **한 방울**이라도 섞였다면 그 사람은 '백인'이 아닌 엄연한 '흑인'이라는 말이다.

따라서 우리가 일반적으로 떠올리는 흑인의 신체적 특징으로 미국 흑인을 판단하면 크게 실수할 수도 있다. 예컨대 피부색은 흑단과 같은 검은색부터 순백에 가까운 백색까지 다양하고 머리칼은 비단결처럼 부드럽고 금발인 경우도 있다. 용모 역시 마찬가지다.

구체적인 예를 들면, 과거 애틀랜타대학의 학장을 지낸 존 호프 박사는 종종 백인으로 오해받았으며 배우 도로시 댄드릿지와 레나 혼은 외국에서 라틴아메리카인으로 알려지기도 했다. 애덤 파웰을 하원의원이라고만 소개하면 그의 용모에서 '흑인'을 떠올리는 사람은 거의 없을 것이다. 또 오랫동안 전국 흑인 향상협회의 사무국장을 지낸 월터 화이트는 그의 이름처럼 피부가 희고 머리칼은 금발에 푸른 눈을 가지고 있었기 때문에 린치 사건 등이 발생하면 어디든 달려가 조사할 수 있었다. 현장에서는 백인으로 취재를 하고 돌아오면 흑인으로서 기사를 썼다. 그런 그가 어떻게 흑인일 수 있을까? 그것은 그가 자신의 혈관 속에 64분의 1의 흑인 피가 흐르고 있다고 스스로 공언했기 때문이다.

　미국 흑인에 대한 위와 같은 예는 조금은 극단적인 경우일 수 있다. 신체적 특징으로 흑인을 식별할 수 있는 경우가 더 많은 것은 사실이다. 그런데도 여기서 이런 '하얀 흑인'*의 존재에 대해 이야기한 것은 미국 흑인이라는 개념이 순수하게 생물학상의 범주가 아닌 인종, 즉 혈통을 기초로 한 미국 역사 발전 과정에서 형성되어온 사회적, 정치적 범주라는 점을 강조해두고 싶었기 때문이다.

---

* 외관상으로는 백인과 똑같고, 백인과 구별이 되지 않는 흑인이 백인 사회 속에서 백인으로 생활하는 것을 '패싱passing'이라고 한다. 하지만 어떤 계기로 인해 흑인의 피가 한 방울이라도 섞여 있는 것으로 판명되면 그 순간부터 그 사람은 흑인으로 간주되어 백인 사회에서 흑인 사회로 밀려난다.

싱클레어 루이스는 자신의 소설 『피의 선언Kingsblood Royal』에서 주인공을 소재로 그런 사정을 훌륭히 그려냈다.

주인공 닐은 아름다운 아내 베스탈, 귀여운 외동딸 비디와 함께 평화로운 가정생활을 보내는 유복한 은행원이었다. 어느 날, 닐은 자신의 가계에 영국 왕가의 피가 흐르고 있다는 이야기를 듣고 직접 사실을 확인해보고 싶어졌다. 그런데 조사 결과는 너무나 뜻밖이었다. 왕가의 피는커녕 흑인과 인디언의 피가 흐르고 있다는 사실이었다. 닐은 자신이 32분의 1이 흑인이라는 것을 알게 되었다. 그렇다면 백인인 아내 베스탈과의 사이에 태어난 외동딸 비디는 64분의 1의 흑인인 것이다. 물론 비디는 아내와 마찬가지로 흰 피부를 가지고 있었기 때문에 닐 말고는 아무도 모르는 이 사실을 감추고 살아간다면 그와 그의 가족은 앞으로도 그리고 영원히 백인 가족으로 살아갈 것이었다. ……하지만 닐은 고민했다. 사실에 눈을 감는 것을 스스로 용서할 수 없었다. 흑인은 흑인으로 살아가는 것이 인간으로서의 가치와 삶의 의의가 있는 것이 아닐까. 개인적인 감정을 모두 억누른 닐은 마침내 자신의 혈관 속에 흑인의 피가 흐른다는 사실을 세상에 선언했다. 그 순간부터 그때까지 백인이었던 닐과 그의 외동딸 비디는 더는 백인이 아닌 흑인이 되었다. 그 후부터는 흑인이 된 닐의 수난의 이야기가 펼쳐진다. 이 소설에서 닐이라는 한 인간의 일생은 전반은 백인, 후반은 흑인으로 나뉘는 것이다.

일찍이 이 땅에 끌려온 흑인들은 모두 '100퍼센트 순수 아프리카인'이었다. 그들은 과거 앵글로 색슨인이 미국인이 된 것과 마찬가지로 처음부터 미국이라는 나라의 역사를 형성하는 데 참가하고 미국의 사회 진보에 공헌함으로써 미국인이 되었다. 그런 의미에서 미국 흑인의 역사는 과거 아프리카인이 미국인이 되면서 겪어온 고난으로 가득한 발자취의 역사라고 할 수 있다.

휘티어의 「쇠사슬에 묶인 우리 동포」라는 제목의 시 (1835년)에 그려져 있던 흑인 노예

1. 식민지 시대의 노예제도

제임스타운

미합중국 역사에서 1620년, 1776년, 1863년, 1929년 등의 연도를 듣고 이내 메이플라워호와 독립선언 그리고 노예 해방 선언과 대공황을 떠올릴 수 있는 사람도 1619년이라는 연도만 듣고 그거로군, 하고 고개를 끄덕이는 사람은 그리 많지 않을 것이다. 여기서는 1619년이라는 해도 함께 기억해두었으면 한다.

잘 알다시피 북아메리카의 항구적인 영국 식민지는 1606년 당시 영국의 국왕 제임스 1세의 특허권을 받아 설립된 런던 회사(후에 버지니아 회사)가 이듬해인 1607년 105명의 식민자 집단을 신대륙의 한 지점으로 보낸 것이 시초가 되었다. 국왕의 이름을 따 제임스타운이라고 명명한 제임스강 하구의 이 땅이 북아메리카 최초의 영국 식민지 버지니아의 발상지가 되었다. 버지니아라는 명칭은 제임스 1세 이전의 영국 여왕으로 총신 월터 로리를 이곳에 파견해 식민을 시도했지만 실패한 엘리자베스 1세의 이름에서 유래했다.

월터 로리에 의해 담배가 영국에 알려지긴 했지만, 식민자들 특히 회사의 지도적 지위에 있던 귀족이나 상인들은 처음부터 담배 재배를 목적으로 이곳에 온 것은 아니었다. 그들은 무력과 간계를 이용해 멕시코와 페루를 약탈했던 16세기 전반 스페인 정복자들과 마찬가지로 금은과 동양으로의 통상로를 원했다. 하지만 존 스미스를 비롯한 탐험가들의 수년에 걸친 답사와 곤궁한 식민자들의 생존을 건 투쟁—1609년~1610년 겨울은 '기아의 시기'라고 불릴 만큼 유독 혹독했다. 당시 500명에 달했던 식민자 수가 60명으로 줄었으며 생존자들은 대부분 식민을 단념하려고 했다—의 결과, 그들이 품었던 일확천금의 꿈은 덧없이 무너지고 말았다. 금광은 끝내 발견되지 않았다. 그 대신 그들은 황금을 손에 넣게 해줄 귀중한 식물을 얻을 수 있었다. 바로 담배였다. 존 롤프가 처음 담배 재배에 성공한 것은 1612년이었다.

롤프가 일찍이 인디언—처음 신대륙을 발견한 콜럼버스가 인디아스(당시 스페인에서는 동아시아를 가리켰다)라고 오인한 이후로 북아메리카에서는 이렇게 부르게 되었다—원주민에 의해 재배되던 담배 재배와 담뱃잎 건조에 성공한 데는 그의 아내가 된 인디언 추장 파우하탄의 딸 포카혼타스의 도움이 컸다고 알려진다. 롤프와 결혼해 레베카라는 세례명을 받은 그녀는 존 스미스가 신대륙에 온 지 얼마 되지 않은 시절 목숨을 걸고 그를 위기에서 구해냈다는 식민지 개척사의 미담으로 널리 알려져 있다. 지금도 제임스타운의 고적古跡에서 윌리엄 파트리지 William Ordway Partridge가 만든 그녀의 동상을 볼 수 있다.

이렇게 버지니아는 같은 식민지라도 과거의 스페인인과 같이 원주민을 혹사해 금은 채굴을 시키는 등의 약탈적 착취를 목적으로 한 착취 식민지로서가 아닌 본국인들이 정착해 스스로 땅을 개척하고 농업 생산을 통해 부를 축적하는 것을 목적으로 한 정주 식민지로서의 길을 걷는다.

정주 식민지로서 발전하기 위해 우선 필요한 것은 영속적인 노동력의 보급이었다. 그리하여 1619년에는 그 전보다 더 많은 식민자와 계약 하인들이 본국에서 건너갔다. 이 계약 하인에 대해서는 나중에 살펴보겠지만 그 외에도 버지니아 회사는 극빈자와 식민시 신부를 이곳으로 보내 식민지 노동력을 측면에서 보강했다. 런던 거리에서 모집한 극빈자들을 수송하기 위해 런던시는 약 500파운드를 지출했다. 그들은 자유 식민자들에게 분배되어 도제徒弟로 일했다. 식민지 신부는 그들을 신부로 맞을 식민자가 120파운드의 담배를 도항비로 회사에 지불하는 식이었다. 그런 이유로 회사의 관리자는 그녀들이 자유 식민자와 결혼하기 전에 계약 하인과 사랑에 빠지지 않도록 특별한 주의를 기울였다.

최초의 흑인 노예

미국 역사상 최초의 아프리카 흑인이 식민지 노동력으로 버지니아에 '수입'된 것은 바로 이 시기였다. 1619년 8월 20일 네덜란드 선박 한 척이 제임스타운을 찾아와 아프리카 흑인 20명을 팔아넘겼다.

북아메리카 최초의 아프리카 흑인이라고 하면, 콜럼버스와 함께 신대륙에 도착한 도선사 중 한 명인 페드로 알론소 니뇨Pedro Alonso Niño가 흑인이었다는 설과 별개로 코르테스가 멕시코를 정복한 직후인 1526년 훗날 사우스캐롤라이나의 피디 하구에 식민지 건설을 시도한* 스페인인 루카스 바스케스 데 아이용이 데려온 흑인 노예, 1528년~1536년 플로리다부터 멕시코에 걸친 탐험을 한 스페인인 카베사 데 바카Cabeza de Vaca와 동행한 흑인 에

---

* 산 미구엘 데 구알다페San Miguel de Gualdape라고 불린 이곳은 백인들의 혹사를 견디다 못해 폭동을 일으킨 흑인 노예들의 반항으로 식민지 건설에 실패했다. 스페인인은 혼적만 남긴 채 본국으로 도망가고 흑인 노예들은 그 후 산토도밍고로 돌아갔다고 한다.

스테반* 등의 예도 있기는 하지만 그 후 미국 흑인 노예 제도 발전이라는 관점에서 보면 1619년 제임스타운의 흑인 수입이 미국 역사상 최초의 아프리카 흑인으로 중요한 위치를 점한다.

제임스타운은 버지니아에 이어 두 번째로 북아메리카에서의 영국 식민지가 되었다. 버지니아가 속한 남부 식민지와는 모든 점에서 이질적인 또 하나의 영국 식민지(북부 식민지 시초가 된 플리머스 식민지)가 건설되기 1년하고도 수개월 전의 일이었다. 그로부터 1년 수개월이 지난 1620년 11월에는 102명의 '순례 시조Pilgrim Fathers'를 태운 메이플라워호가 예정된 목적지가 아닌 북쪽의 코드 곶에 도착하면서 어쩔 수 없이 이곳에 상륙하게 되는데 배에서 내리기 전 41명의 성인 남성들이 선상에서 '메이플라워 서약'을 한 것은 널리 알려져 있다.

1619년이라는 해에 대해서는 또 한 가지 언급해야 할 것이 있다. 미국 최초의 흑인 매매가 이루어진 같은 해의 한 달여 전인 7월, 역시 같은 장소인 제임스타운에서 버지니아 식민지 의회가 처음 열렸기 때문이다. 대의원 중에는

---

* 에스테바니코Estevanico라고도 한다. 그는 1539년에도 멕시코부터 애리조나, 뉴멕시코 방면을 탐험한 탐험대를 안내한 것으로도 유명하다.

미국 건국의 아버지 토머스 제퍼슨도 포함되어있었다.

이 대의원 개설은 그해 런던 회사의 책임자가 된 에드윈 샌디스Edwin Sandys의 자유주의적 방침에 힘입은 바가 크다. 모든 입법은 회사의 승인이 필요하기는 했지만, 어찌 되었든 식민지의 자치가 분명한 형태로 시작되었다는 것을 의미하며 그 후 미국의 대의제 의회제도 나아가 미국 민주주의 제도의 단초를 제공하며 버지니아 식민지뿐 아니라 이후 미국의 모든 역사적 발전에 기념할 만한 사건이 되었다. 다수의 미국사 교과서에서 이를 미국 민주주의의 맹아로 높이 평가하고 긍지로 여기는 내용을 볼 수 있다.

하지만 내가 지적하고 싶은 점은 미국 최초의 대의제 의회 탄생이라는 민주주의의 근간이 된 사건과 미국 최초의 흑인 노예 수입 즉, 살아있는 인간을 동산動産으로 취급하는 흑인 노예제도라는 비민주주의적 행위의 시초가 같은 시기, 같은 장소에서, 같은 인간에 의해 이루어졌다는 미국사의 아이러니이다. 단순한 아이러니를 넘어 그 후 미국 역사에 중요한 의미로 자리 잡게 되는 이 두 사건은 우연치고는 너무나 극적인 느낌마저 든다.

노예무역

노예 거래는 오랜 역사가 있다. 또한 아프리카 흑인만
이 무지몽매해서 늘 노예가 된 것도 아니다. 고대 이집
트에는 모든 피부색의 노예가 있었다. 그중에는 물론 많
은 아프리카 흑인이 있었지만, 그리스나 로마에는 유럽
과 아시아인 노예도 있었다. 아프리카 흑인이라는 사실
이 사람들에게 흡사 노예라는 신분을 증명하는 여권이라
도 되는 듯한 착각을 불러일으킨 시대가 찾아온 것은 유
럽에서 자본주의가 발흥하기 시작한 무렵의 일이다.

콜럼버스가 대서양을 횡단하기 반세기 전인 1441년,
포르투갈에서 안탕 곤살베스Antão Gonçalves가 지휘하는
'작은 범선 한 척'이 출항했다. 그는 수년 전 다른 선장들
이 그랬던 것처럼 아프리카 서해안을 따라 남쪽으로 항
해하라는 명령을 받았다. 새로운 발견을 찾아 나선 것이
아니라 당시 아프리카 대서양 연안에서 획득한 '바다사
자'의 가죽과 기름을 운반하는 일로 자신의 가치를 증명
할 생각이었다.

청춘의 패기로 넘치던 곤살베스는 문득 이 미지의 세
계에 사는 주민 몇 명을 사로잡아 엔리케 왕자에게 바치
면 어떨까 하는 생각을 한다. 그는 선원들과 함께 그의

작은 범선으로 지금의 모로코 남쪽 연안에서 구 스페인령 서사하라 연안 부근까지 항해했다. 마침내 그는 부하 9명을 데리고 해안에 상륙해 육지로 들어갔다. 거기에서 그는 남녀 1명씩을 사로잡는 데 성공했다.

마침 이때 누뇨 트리스탄이라는 또 한 명의 포르투갈인이 해안에 있었다. 이 '용감하고 젊은 기사騎士'는 무장한 범선의 선장으로 연안 지방을 탐험하고 최대한 많은 '토인'을 사로잡아오라는 명령을 받았다. 두 선장은 공동으로 이 일을 하게 된다. 당장 그날 밤 '토인'을 습격한 그들은 격렬한 전투 끝에 소년을 포함한 남녀 원주민 총 10명을 생포했다. 그들은 이렇게 사로잡은 12명을 리스본으로 데려갔다. 엔리케 왕자는 크게 기뻐하며 로마 법왕에게 특별 사절을 보내 이 '십자군'의 향후 전개 방식에 관해 설명했다. 로마 법왕도 이를 환영하며 '이 전쟁에 참가하는 모두에게 완전한 사면'을 약속했다.

이것이 사하라 이남에서의 아프리카와 유럽 최초의 만남이었다. 아프리카 역사에 치욕과 굴종과 쇠퇴의 낙인을 찍고, 19세기에 시작된 유럽 제국주의의 발로라 할 수 있는 아프리카 침략 즉, 근대 식민지주의를 바탕으로 한 수 세기에 걸친 흑인 노예무역은 이렇게 지금으로부터

약 550년 전인 15세기 중반 포르투갈에 의해 시작되었다. 흑인 노예무역은 세계 근대사의 가장 피비린내 나는 한 국면을 연출하는 동시에 이른바 자본의 본원적 축적 과정에 매우 중요한 역할을 했으나 인간이 인간의 존엄은커녕 인간이라는 사실조차 완전히 부정당하는 행위였다. 리스본 궁정의 열렬한 지지를 바탕으로 노예사냥은 아프리카 해안을 따라 점점 더 남쪽으로 확대되었다. 그와 더불어 노예사냥은 노예무역이라는 상거래 형태를 갖추어갔다.

16세기부터 17세기 초반까지는 거의 포르투갈과 스페인이 독점하는 시대가 이어졌다. 하지만 다른 유럽 제국들도 가만히 보고 있지만은 않았다. 얼마 지나지 않아 네덜란드, 프랑스, 영국, 영국령 미국 식민지까지 이 '인육시장'에 뛰어들어 자신들의 이권을 주장하기 시작했다. 그리고 이런 사태가 일어나는 계기를 마련한 것이 바로 '지리상의 대발견'이라고 알려진 1492년 콜럼버스의 서인도제도 상륙이었다.

유럽과 아프리카의 만남은 신대륙 미국이 등장하면서 돌연 양상이 바뀌었다. 1517년 스페인의 식민지 선교사 라스 카사스Las Casas는 식민지로 이주하는 스페인인에게는 흑인 노예 12명의 소유권을 인정한다는 제안을 했다. 이것이 신대륙 노예무역의 시초였다. 1619년 네덜란드 선박에 실려 제임스타운에 끌려온 20명의 아프리카 흑인들은 이런 역사의 흐름 속 한 점이었던 셈이다.

시간이 흘러 마침내 영국이 전면적으로 흑인 노예무역을 전횡하는 시대가 왔다. 1672년에는 요크 공을 비롯한 왕정복고의 왕후와 귀족, 대상인, 대농장주들에 의해 거대한 노예무역 독점회사인 왕립 아프리카회사가 설립되었다. 스페인 왕실은 1595년 신대륙의 자국령 식민지에서 이루어지는 노예무역에 관해 종래의 허가제 대신 독점적 청부제를 도입했다. 아시엔토Asiento라고 불린 이 노예 공급 계약은 1640년까지 포르투갈이 보유하다 네덜란드로 넘어갔으며 1701년에는 프랑스가 이 권리를 얻게 되지만 1713년 위트레흐트 조약을 통해 영국이 손에 넣은 이후 1750년까지 보유했다. 하지만 18세기 들어 영국과 스페인령 식민지와의 노예무역은 점차 비중이 줄어들고 오히려 북아메리카의 자국령 식민지에서 더 많은 노예를 필요로 하는 상황이 되었다.

이런 상황은 1698년 왕립 아프리카회사가 노예무역 독점을 폐지하고 대신 10퍼센트 정도의 세금을 부과하는 방식으로 영국 국기를 걸고 항해하는 모든 선박에 개방하면서 마침내 영국령 아메리카 식민지도 노예무역에 뛰어들게 된다. 높은 수익성을 노린 뉴잉글랜드의 선주와 대상인들이 앞다투어 노예무역에 참가하기 시작했다. 미국 최초의 노예선은 매사추세츠주의 항구 도시 세일럼의 선박으로 '희망desire'호라는 이름이 붙여졌다. 머지않아 로드아일랜드는 흑인 노예무역의 중심지가 되었으며 뉴포트는 규모는 작지만 '리버풀의 복제판'이라고도 불리었다.

이렇게 18세기에는 흑인 노예무역이 전성기를 맞았다. 이 시기에 고향을 떠나 머나먼 이국으로 끌려온 아프리카 흑인의 수는 '지극히 방대하다'라는 말 이외에는 표현할 길이 없을 만큼 정확한 숫자조차 헤아릴 수 없지만 1861년 에드워드 E. 던바Edward E. Dunbar가 추정한 바에 따르면 16세기에는 88만 7,500명, 17세기에는 275만 명, 18세기에는 700만 명, 19세기에는 325만 명으로 총 1400만 명에 이른다. 게다가 '흑인 1명을 신대륙에 데려오는 과정에서 흑인 5명이 목숨을 잃었다'라는 W. E. B. 듀보이스William Edward Burghardt Du Bois의 말을 기준으로 생각하면 총 7천만 명의 아프리카 흑인이 강제적으로 모국에서 끌려온 것이다. 윌리엄 Z. 포스터William Z. Foster는 '최소 6천만 명'에 달했을 것으로 추정했다*. 이 흑인 노예들은 브라질, 카리브해 제도, 중앙아메리카, 영국령 미국 식민지 등으로 끌려갔으나 그 내역을 숫자로 헤아리기는 어렵다. 영국령 미국 식민지로의 수송은 17세기 말까지 서인도제도를 경유하는 일이 압도적으로 많았지만 18세기가 되면 곧장 수송되는 경우가 점차 늘었다.

'중간 항로'의 비극

유럽 제국이나 영국령 미국 식민지의 경우 흑인 노예 무역은 대개 삼각형 구조의 거대한 순환로를 일주하는 방식으로 이루어졌다. 유럽 제국의 경우, 값싼 유럽 제품을 아프리카로 싣고 가 노예와 교환한 뒤 그들을 대서양 너머 신대륙으로 데려갔다. 신대륙에서 그곳의 특산물과 노예를 교환한 후 또다시 바다를 건너 유럽으로 돌아

---

* 통계학적 기법을 원용援用한 최근 연구에서는 이 숫자가 크게 줄었다. 예컨대 1969년에 출간된 필립 D. 커틴Philip D. Curtin의 저서에서는 그 수를 16세기에는 24만 1,400명, 17세기에는 134만 1,100명, 1701년부터 1810년까지는 605만 1,700명, 그 이후 19세기에는 189만 400명으로 추정했다. 결국 그가 추정한 바에 따르면 총 952만 4,600명으로 1천만 명이 채 안 된다. 이런 커틴의 추정에 대해 지나치게 적다고 비판하는 연구자들도 있다.

왔다.

영국령 미국 식민지의 경우, 뉴잉글랜드—아프리카(주로 상아 해안, 황금 해안, 특히 노예 해안 등의 서해안)—와 서인도제도를 잇는 삼각형 구조를 일주하는 방식이 일반적이었다. 뉴잉글랜드에서 아프리카로 럼주 등을 싣고 가 노예와 교환하고 서인도제도에서 이번에는 럼주의 재료인 당밀로 교환한 후 뉴잉글랜드로 돌아왔다. 이런 순환 무역은 이른바 '삼각 무역'의 한 형태로 이 삼각형 구조의 두 변을 이루는 아프리카와 신대륙을 잇는 대서양 횡단 항로가 역사적으로도 악명이 높은 '중간 항로'이다. 흑인 노예들에게 중간 항로는 말 그대로 생지옥이나 다름없었다. 이 항로의 비극에 대해서는 다수의 기록이 남아있는데 예컨대 1829년 로버트 월시Robert Walsh라는 영국인은 자신이 본 광경을 다음과 같이 기록했다.

'노예들은 모두 갑판 아래에 쇠사슬로 묶여있었다. 천장이 매우 낮은 데다 빼곡하게 실려있었기 때문에 서로의 다리 사이에 앉아있었으며 낮이나 밤이나 자리에 눕거나 위치를 바꾸는 것조차 불가능했다. 그들은 누군가의 소유물로 소유주가 아닌 다른 인간에 의해 수송되었기 때문에 흡사 양과 같이 소유주를 나타내는 다양한 모양의 낙인이 찍혀있었다. 주로 가슴 아래나 팔에 찍혀있었는데 한 선원이 냉담한 얼굴로 알려준 바로는 뜨거운 쇠를 불에 달구어 찍는다고 했다. ……' 이 노예선에는 남녀 합해 505명의 흑인 노예가 타고 있었으며 17일간 55명이 목숨을 잃고 바다에 던져졌다고 한다.

이 삼각 무역은 이윤이 많이 남는 거래였다. 명백한 부등가 교환이 두 번에 걸쳐 이루어졌으며 각 단계에서 터무니없는 양도 이윤을 획득했다. 이렇게 얻은 각각의 이윤의 합이 삼각 무역으로 얻는 이윤이다. 양도 이윤이 배가 되었다고도 볼 수 있다. 이 삼각 무역을 하나의 체계로 떠받치던 토대가 노예 거래였으며 중간 항로는 그 삼각형 구조의 글자 그대로 밑변에 해당했다. 중상주의 정책 하의 유럽 상업 자본은 이윤 창출에 그야말로 안성맞춤인 장소를 발견한 것이다. 이렇게 신대륙의 흑인 노예제도는 근세의 식민지 노예제도로서 발생하게 되었다. 미국의 흑인 노예제도도 예외는 아니었다. 영국 본원적 축적기의 부산물이라고 불리는 이유이다.

인디언 원주민과 백인 계약 하인

하지만 1619년의 흑인 노예 수입으로 미국의 흑인 노예제도가 금방 성립한 것은 아니었다. 영국령 미국 식민지는 17세기부터 18세기 초반에 걸쳐 꾸준히 발전하며 미국 '최초의 13개 주(건국 연도가 아닌 지리적 위치에 따라 북쪽에서부터 남쪽의 순으로 뉴햄프셔, 매사추세츠, 코네티컷, 로드아일랜드, 뉴욕, 뉴저지, 펜실베이니아, 델라웨어, 메릴랜드, 버지니아, 노스캐롤라이나, 사우스캐롤라이나, 조지아)'의 마지막 주 조지아가 1732년 성립했다. 그 사이 식민지의 흑인 노예 수도 점차 증가했지만 각 식민지 기초가 거의 완성된 17세기 말경까지는 크게 눈에 띄는 수준은 아니었다.

제반 사정으로 인해 애초에 노예 노동이 필요하지 않았던 북부 식민지는 제외하더라도 일찍이 담배 등의 주요 상품작물 생산을 시작한 남부 식민지에서 주된 노동력을 제공한 것은 흑인 노예가 아닌 백인 계약 하인들이었다. 영국의 식민자들도 처음에는 스페인인의 선례를 따라 인디언 원주민들을 노예화하는 방식을 시도했다. 그렇지만 인디언들은 여전히 씨족 사회 단계에 머물러 수렵 생활을 했기 때문에 농경에 적합하지 않았을뿐더러 부족의 완강한 저항에 부딪히거나 노예로 붙잡힌 원주민들의 도망을 돕는 시도가 끊이지 않았다. 게다가 지리에 밝은 그들을 한곳에 가두는 것도 어려웠기에 결국 성공하지 못했다. 그런데도 인디언 노예화를 포기하지 않았기 때문에 사우스캐롤라이나의 경우 1708년 총인구 9,580명 중 1,400명이 인디언 노예였다.

그런 상황에 식민자들의 관심을 끈 것이 백인 계약 하인indentured servant이다. 주된 공급원은 본원적 축적기의 영국에서 땅을 빼앗긴 농민이나 도시 빈민들이었다. 도항비가 없던 그들은 도항비를 미리 받는 대신 일정 기간(보통 5~7년) 동안 식민지 주인에게 예속되어 일하는 연한年限 계약을 맺었다. 그 밖에도 지극히 비합법적인 방식 예컨대, 유괴나 약탈로 공급되기도 했다. '수천 명에 이르는 사람들이 영국의 도시 곳곳에서 얻어맞고 결박당하는 등의 잔혹한 방식으로 끌려와' 식민지로 보내졌다. 또 정치범이나 죄수(당시 영국에서는 부랑 행위도 범죄로 간주했기 때문에 부랑자나 걸인들도 여기에 포함되었다) 중에도 강제로 식민지로 보내져 부자유 노동을 강요받는 사람들이 있었다.

식민지에서 계약 하인들의 처우는 장소나 주인에 따라 다소 차이는 있지만 대부분 자유롭게 결혼도 하지 못하고 술을 사거나 물건을 팔지도 못했다. 도망치다 잡히면 채찍질을 당하고 낙인이 찍히기도 했다. 때로는 노예처럼 다른 주인에게 팔리기도 했다. 연한 계약도 온갖 이유를 들어 늘리는 일이 적지 않았다. 그런 이유로 종종 계약 노예라고도 불리었지만 그래도 계약 기간이 끝나면 자유인으로 돌아가 생활에 필요한 일정 급여를 받았다. 이것을 해방 급부Freedom Dues라고 한다. 흔히 농기구, 종자, 의복, 무기 등 당시 돈으로 10파운드 상당의 물품이나 50에이커 정도 토지가 지급되기도 했다.

예를 들어 버지니아는 1625년의 총인구 1,200명 중 약 500명, 1670년에는 4만 명 중 6,000명이 백인 계약 하인으로 후자의 경우 당시 버지니아의 흑인 노예 2,000명보다 3배나 더 많다. 커티스 P. 네틀스Curtis P. Nettels는 이른바 담배 식민지는 '1635년부터 1705년에 이르는 기간 동안 매년 1,500명에서 2,000명의 백인 하인을 수입했다'라고 지적하며 '1680년경까지 버지니아와 메릴랜드의 부자유 노동 인구 대부분이 그런 백인 계약 하인이었으며 ……주로 농사나 가내 하인으로 쓰이던 이들이 당시 미국 식민지의 주요 노동력이었다'라고 말했다. 결국 식민지 시대 내내 인구의 약 10~20퍼센트가 이런 백인 계약 하인이었다고 한다.

흑인 노예제도의 성립

17세기가 끝나갈 무렵 버지니아와 메릴랜드에서는 담배 재배가 급속히 발전하고 18세기가 되면 사우스캐롤라이나와 조지아에서 쌀에 이어 쪽藍 재배가 촉진되는 등 주요 상품작물의 생산이 늘어났다. 농장주에게 있어 종래의 백인 계약 하인은 노동력의 제공자로서 충분치 않다는 사실이 분명해졌다.

일정 연한이 끝나면 자유로운 독립 생산자가 되어 떠나버리는 노동력을 상시 확보하는 것은 생산 규모가 커질수록 쉽지 않은 일이었다. 또 흑인 노예와 비교하면 비용 부담도 컸다. 농장주가 계약 하인에게 지출하는 비용은 우선 최초 구입비로 이것은 계약 기간에 따라 다르지만 대개 10~20파운드, 다음은 계약 기간 중 드는 모든 경비 그리고 마지막으로 앞서 이야기한 해방 급부가 있다. 그에 비해 흑인 노예는 최초 구입비는 계약 하인보다 비싸지만, 평생 노예로 부릴 수 있었으며 유지비는 백인 계약 하인들보다 적게 들고 자녀가 생기면 유지비만 들 뿐 구입비도 들지 않았다.

그뿐만이 아니다. 백인 계약 하인 중에는 농장주의 처우가 좋지 않으면 항의를 하거나 생활 조건의 개선을 요구하는 이들이 생기면서 때로는 계약 기간을 채우지 않고 실력을 행사해서라도 그 가혹한 처지에서 벗어나기 위해 불온한 움직임을 보이기도 했다. 그들이 주로 이용한 저항의 형태는 이후 흑인 노예들 경우와 마찬가지로 도망치는 것이었다. 흑인 노예가 함께 도망치는 경우도 드물지 않았다고 한다.

의도적인 태업을 시도하거나 폭동을 계획하고 실제 봉기를 일으키기도 했다. 흑인도 참가했던 1663년 폭동의 지도자 중 한 명인 아이작 프렌드Isaac Friend는 법정에서 '자유와 죽음 중 하나에 걸었다'라고 말했다. 그런 와중에 1676년 버지니아에서 일어난 너새니얼 베이컨Nathaniel Bacon의 반란은 참가자 대부분이 백인 계약 하인이었기 때문에 자유를 요구하는 백인 계약 하인들에게 커다란 영향을 미쳤다. 이 무렵부터 농장주들은 백인 계약 하인을 위험시하고 더 안전하게 생각되던 흑인 노예로 바꿔나가는 경향이 강하게 나타났다. 앞서 소개한 네틀스도 '이 쓰라린 경험으로 농장주들은 백인 계약 하인을 꺼리는 대신 흑인 노예들의 노동력에 의지하게 되었다'라고 말했다.

백인 계약 하인 제도에서 흑인 노예제도로의 전환을

촉진한 사정으로는 흑인은 열대 및 아열대 지방에서의 노동에 적합하고 인디언과 달리 농업이 상당히 발달한 사회에 살았으며 피부색 때문에 도망쳐도 금방 찾아낼 수 있고 심지어 백인이 존중해야 할 법률상의 권리를 주지 않아도 되는 점 등을 주로 꼽았다. 하지만 이것은 백인 우월＝흑인 멸시라는 뿌리 깊은 편견에서 비롯된 핑계일 뿐이다. 흑인이 본래 노예 노동에 적합한 인간이라는 생각은 사실에 반하는 '신화'에 불과하다.

결국 이런 전환을 불러온 기본적인 이유는 당시 미국 식민지 남부의 농장주들은 담배와 같은 주요 상품작물의 생산량을 늘리기 위해 백인 계약 하인을 대신할 안정적인 노동력을 더 많이, 더 싼 비용으로 상시 확보해야 할 필요가 있었으며 북부에서는 앞서 말했듯이 대상인이나 선주들이 흑인 노예무역을 매우 유리한 '직업'으로 여겨 대규모로 이 일에 뛰어들었기 때문이다. 게다가 식민지에서 이들 지배층의 이익은 당시 영국 본국의 중상주의의 중요한 일환이었던 미국 식민지 정책의 요청과도 합치했다. 여기서 이런 노동력의 주체로서 아프리카 흑인이 미국 역사의 전면에 등장했다.

17세기 후반부터 18세기 초에 걸쳐 미국의 흑인 노예제도가 점차 뿌리를 내렸다. 초기에는 자유인 1명에 대해 백인 계약 하인 6명이라는 높은 비율을 유지하던 메릴랜드도 1658년 1,000명 이상에 달하던 백인 계약 하인 수입이 1696년에는 625명, 1697년에는 353명으로 줄었으며 1710년에는 총인구 4만 3,000명의 19퍼센트에 해당하는 약 8,000명이 흑인 노예였던 것에 비해 백인 계약 하인은 7퍼센트에 해당하는 약 3,000명에 불과했다. 그리고 18세기 후반의 독립 혁명 시기가 되면 식민지에 수입되는 백인 계약 하인은 거의 찾아볼 수 없었다.

그와 함께 처음에는 노예라기보다 백인 계약 하인에 가까웠던 흑인의 처우*도 점차 악화해 신분적으로도 명백한 노예 즉, 소유자의 재산으로 예컨대 '가축, 가재도구, 그릇, 서적 따위'와 동등하게 취급한다는 법률이 제정되었다. 동시에 듀보이스가 '책형, 화형, 단식 등은 노예를 벌하는 법률적인 방법이다'라고 말한 흑인의 일거수일투

---

* 1619년 제임스타운에 '수입'된 20명의 아프리카인은 법률적인 의미로는 노예가 아니었다. 역사학자 존 호프 프랭클린John Hope Franklin은 자신의 저서에서 '새로 온 이들은 마침 흑인이었을 뿐 단순한 계약 하인 정도였다. 예를 들어 1623년과 1624년의 인구조사에서 그들은 하인으로 기재되어있었다'라고 썼다.

한편, 오스카 핸들린Oscar Handlin은 노예로 불린 경우에도 '17세기 전반에 볼 수 있는 노예라는 표현은 법적 신분에 있어서는 어떤 명확한 의미도 없었다. 노예라는 표현은 흔히 외국 출신의 신분이 낮은 사람을 가리키는 말로 쓰였으며 아일랜드나 러시아인에게도 적용되었다'라고 말했다.

족을 규제하는 흑인 노예규약slave code이 제정되었다.

1661년 버지니아의 식민지 의회가 흑인을 백인 계약 하인과는 다른 신분의 종신 노예로 규정하는 법률을 제 정하고 흑인 노예제도를 법제화하자 매사추세츠(1641년), 코네티컷(1650년), 로드아일랜드(1652년), 메릴랜드(1663년), 뉴저지, 뉴욕(1664년), 사우스캐롤라이나(1682년), 펜실베이 니아(1700년), 뉴햄프셔(1714년), 노스캐롤라이나(1715년), 델 라웨어(1721년), 조지아(1750년)의 식민지 전역에서도 흑인 노예제도가 법제화되었다.

그와 궤를 같이하듯 각 식민지의 흑인 노예 수도 증 가했다. 예컨대 버지니아는 1640년 150명에 불과했던

〈표2〉 식민지 시대의 흑인 인구 추정

연도	흑인 인구(명)	연도	흑인 인구(명)
1630	60	1710	44,866
1640	597	1720	68,839
1650	1,600	1730	91,021
1660	2,920	1740	150,024
1670	4,535	1750	236,420
1680	6,971	1760	325,806
1690	16,729	1770	459,822
1700	27,817	1780	575,420

출처: U. S. Bureau of the Census, Historical Statistics of the United States, Colonial Times to 1957, 1960. p. 756.

흑인 노예가 1670년에는 2,000명(당시 버지니아의 총인구
는 4만 명. 이하 괄호 안의 숫자는 총인구를 나타낸다), 1690년에는
9,000명(5만 3,000명)으로 증가했으며 18세기에 들어서면
서 1710년에는 2만 3,000명(7만 8,000명), 1750년에는 10만
2,000명(23만 1,000명)에 이르게 되었다. 식민지 전역에서
의 흑인 인구의 증가는 〈표2〉와 같이 추정된다.

〈표3〉 1790년의 노예 인구

주	노예 인구
뉴햄프셔	157
로드아일랜드	958
코네티컷	2,648
뉴욕	21,193
뉴저지	11,423
펜실베이니아	3,707
델라웨어	8,887
메릴랜드	103,036
버지니아	292,627
노스캐롤라이나	100,783
사우스캐롤라이나	107,094
조지아	29,264
켄터키	12,430
테네시	3,417
합계	697,624

출처: U. S. Bureau of the Census, Negro Population in the
United States, 1790~1915, 1918. p. 57.

독립 혁명 당시에는 식민지 전체의 총인구 약 250만 명 중 50만 명가량, 또 1790년 실시된 미국 최초의 국세 조사에서는 총인구 392만 9,000명 중 69만 8,000명가량이 흑인 노예—자유 흑인을 포함한 흑인 수는 75만 7,000명가량—였다. 그리고 그 흑인 노예의 90퍼센트 이상이 남부에 살고 있었다. 〈표3〉은 1790년의 흑인 노예 인구를 각 주 별로 나타낸 일람표다. 다만, 당시 켄터키와 테네시는 아직 주州가 아니었다. 켄터키는 1792년, 테네시는 1796년에 새로운 주로 연방에 가입했다.

'보스턴 학살' 당시 영국 병사의 총탄을 맞고 쓰러지는 도망 노예 출신의 크리스퍼스 애턱스

2. 독립 혁명

크리스퍼스 애턱스

미국 식민지 전역에 불온한 공기가 감돌았다. 7년 전
쟁(미국사에서는 프렌치·인디언 전쟁이라고 부른다) 이후의 새로
운 정세를 바탕으로 종래의 '유익한 방임salutary neglect' 정
책을 버린 영국 본국이 식민지에 강요한 국왕의 선언 선
(proclamation line, 1763년)이나 설탕법(1764년) 등의 식민지 규
제는 식민지 정착민들의 불만을 샀지만 1765년 인지세
법이 제정되자 이런 불만은 식민지 전체의 분노로 바뀌
었다.

사람들은 '대표 없이 조세 없다No Taxation Without
Representation'며 식민지 정착민의 권리를 주장했다. 예컨
대 버지니아의 식민지 의회에서 패트릭 헨리Patrick Henry
가 '카이사르에게는 브루투스가 있었고 찰스 1세에게는
크롬웰이 있었으며 조지 3세(당시 영국의 국왕) 역시……'라
고 외쳤을 때 의장은 '반역죄다! 반역죄!'라며 그의 발언
을 제지했다. 하지만 그는 계속해서 '조지 3세는 역사의
교훈에서 도움을 받을 수 있을 것이다. 이것을 반역이라
고 한다면 더 큰 반역이라도 해야 한다'라는 말로 연설을
마쳤다는 유명한 일화가 있다. 또 보스턴, 필라델피아,
뉴욕 등의 도시에서는 영국 상품의 불매운동이 전개되고

기술자, 노동자, 소시민 등의 민중이 중심이 된 혁명 조직 '자유의 아들들Sons of Liberty'이 결성되어 이들이 지휘하는 공공연한 저항 운동이 벌어졌다. 결국 인지세법은 철폐되었지만 이어서 제정된 타운센드 법(1767년)으로 식민지 정착민들은 영국의 식민지 정책이 한층 강화될 것이라는 사실을 알게 되었다.

1770년 3월 5일의 '보스턴 학살'은 이런 상황에서 일어났다. 그날, 보스턴 거리에는 눈이 쌓여있었다. '학살'의 발단은 사소한 다툼이었다. 문제는 이 다툼이 식민지 민중과 영국 주둔병 사이에 필연적으로 일어날 수밖에 없는 일이었다는 것이다. 결국 식민지인 5명이 영국 병사의 총탄에 목숨을 잃고 수 명이 부상당하면서 독립 혁명의 발화점이 되었다.

더 중요한 사실은 이날 영국 병사의 총탄에 맞아 보스턴의 눈 쌓인 거리를 붉게 물들인 5명이 모두 선원이나 밧줄을 만드는 장인 등의 노동자들이었으며 최초의 희생자는 크리스퍼스 애턱스Crispus Attacks라는 흑인이었다는 것이다. 그는 사건 발생 20년 전 도망쳐 노예 신분에서 벗어난 47세의 자유 흑인으로, 그의 혈관에는 인디언의 피도 섞여 있었다. 그런 그가 '자유의 아들들'의 활동가였

다는 점을 생각하면 독립 혁명에 대한 흑인의 태도가 상
징적으로 드러난다.

독립선언과 합중국 헌법

이후 보스턴 티 파티 사건(1773년)이나 보스턴항 폐쇄
를 포함한 '참을 수 없는 법Intolerable Acts'이라고 불린 탄압
법(1774년)에 이어 당해 열린 제1회 대륙 회의, 이듬해인
1775년 렉싱턴과 콩코드에서 벌어진 무력 충돌을 거쳐
공공연히 시작된 독립 혁명은 기본적으로 다음의 두 가
지 목적을 가지고 전개되었다.

첫 번째는 중상주의를 바탕으로 한 영국 본국의 식민
지 지배에서 벗어나 독립을 쟁취하는 것, 두 번째는 점차
적으로 증가해온 식민지 생산력의 더 큰 발전을 저해하
는 토지 소유에 관한 식민지 내부의 전근대적 요소를 척
결하는 것이었다. 그것은 외압에 대한 '독립' 전쟁이자 내
압에 대한 '혁명' 전쟁 즉, 식민지 해방과 민족 독립을 위
한 부르주아 민주주의 혁명이었다. 그리고 이 역사적 과
제는 상당 수준 실현되었다.

미국은 이 혁명으로 영국의 식민 지배를 벗어나 민족

적 독립과 자국의 시장을 획득함으로써 국가 발전의 토대를 쌓고, 식민지 내부의 전근대적 관계를 대폭 폐기하고 국가와 교회를 분리해 세계 최초의 성문 헌법을 가진 근대적 민주공화국을 세웠으며, 농민, 도시 소시민, 노동자 등 민중의 정치적, 사회적 권리를 실현하기 위한 객관적인 조건을 마련할 수 있었다. 그런 의미에서 독립 혁명은 이후 미국 사회의 근대화—미국 자본주의 발전의 역사적 전제를 마련했다. 그런 점에서 이 혁명은 마르크스가 이야기했듯 '유럽의 부르주아지에 대한 경종'을 울리며 세계 자본주의 발전의 하나의 이정표가 되었다.

독립 혁명은 이런 선진적 성격으로 위대한 성과를 이룩했지만 인디언 원주민과 흑인은 무엇 하나 얻지 못했다. '자유와 평등과 행복'은 그들을 그냥 지나쳐갔을 뿐 아니라 더 혹독한 인내와 굴종을 강요하는 결과를 낳았다. 독립 혁명 최대의 약점이라 할 수 있는 이 점은, 흑인 노예를 포함한 민중의 힘을 원동력으로 전개된 투쟁이었는데도 북부의 상업 자본가와 남부의 대농장주가 혁명의 지도권을 쥐고 있었다는 사정과 관련이 있다. 루이스 핵커Louis M. Hacker는 자신의 저서에서 식민지 시대부터 독립 혁명기를 다룬 부분을 '독립 혁명과 미국 상업 자본주의의 승리'라는 제목을 달아 서술했다. 독립 혁명의 역사적 한계는 혁명의 기운이 가장 뜨겁게 타오르던 1776년 전 세계에 표명된 역사적 문서로 미국이 민주주의의 표상으로 자랑하는 독립선언서 작성 과정에 단적으로 드러난다.

영국 본국에 대한 독립선언이라기보다는 미국이 식민지 상태에서 독립해야 할 이유를 표명한 이 기념할 만한 문서는 1776년 6월 존 애덤스, 벤저민 프랭클린, 로저 셔먼, 로버트 리빙스턴 등과 함께 독립선언서 기초 위원으로 선출된 토머스 제퍼슨Thomas Jefferson이 주로 작성했다. 스스로도 수십 명의 노예를 소유한 버지니아의 농장주였던 그가 쓴 독립선언서 초안에는 미국이 무슨 이유로 영국 본국에 반기를 들어야 했는지에 대한 일반적 근거에 이어 영국 국왕이 일삼은 전제적 비행非行을 열거하고 마지막으로 흑인 노예무역을 격렬히 비난하는 다음과 같은 조항이 쓰여있었다.

국왕(조지 3세)은 인간성에 반하는 잔인한 전쟁을 벌이고 일찍이 그를 거스른 적 없는 먼 땅에 사는 사람(아프리카 흑인)의 생명과 자유라는 가장 신성한 권리를 침범하고 그들을 사로잡아 서반구의 노예제도 안에 옭아매거나 수송 도중에 비참한 죽음에 이르게 했다. 이단적인 힘에 따라 이루어진 이 수치스러운 해적 행위는 기독교도를 표방하는 대영제국 국왕에 의해 저질러진 전쟁이다. 인간이 사고 팔리는 시장을 끝까지 개방하기 위해 이 우려스러운 거래를 금지 혹은 제한하는 모든 법률의 성립을 막고자 그는 거부권을 행사해온 것이다…….

이 조항은 후에 제퍼슨이 자신의 『자서전Autobiography』에도 썼듯 '노예 수입을 억제하려는 노력은커녕 계속하려 한 사우스캐롤라이나와 조지아의 심기를 거스르지 않기 위해' 대륙 회의에서 그 내용이 전부 삭제되고 말았지만 이런 남부 농장주의 주장을 강하게 지지한 것은 다름 아닌 북부 뉴잉글랜드의 노예무역 상인 등이었다.

이렇게 인민의 주권, 혁명권과 더불어 무엇보다 '모든 사람은 평등하게 태어났으며 조물주에 의해 빼앗을 수 없는 특정한 권리를 부여받았으며 그 안에는 생명과 자유와 행복의 추구가 포함된다'라고 하는 기본적 인권을 전 세계에 표명한 7월 4일의 이 역사적 문서의 작성 과정에서 남부의 농장주는 북부 상인들의 지지를 얻어 흑인 노예무역 금지에 관한 조항을 완전히 삭제해버렸다. 그렇게 그들은 흑인 노예제도를 온존할 결정적 발판을 굳힌 것이다.

하지만 이것은 시작에 불과했다. 북부의 상업 자본가와 남부의 농장주로 이루어진 과두 권력의 연합 세력으로 대표되는 미국 지배층은 영국으로부터의 독립을 쟁취함으로써 목적을 달성한 듯 보였지만 혁명 이상의 진전—민중의 혁명화가 진전되는 것을 막고자 1787년 5월 이른바 연합 규약을 개정하고 필라델피아에서 더 강력한 권한을 지닌 합중국 헌법을 만들기 위한 회의를 소집했다. 민중의 반격을 우려해 비밀회의로 이루어진 이 연방 회의 또는 헌법 제정 회의에는 로드아일랜드를 제외한 각 주의 대표 55명이 참가했는데 대부분 유산자 계급 대변자였다는 점에서 제1, 2회 대륙 회의와는 그 성격이 현저히 달랐다. 이렇게 탄생한 1789년의 합중국 헌법은 '대중의 희생을 바탕으로 탄생한 두 지배 계급의 이익에 관한 타협'의 산물이라고도 불리었으며 그중에서도 가장 큰 '대중의 희생'을 치른 것은 광대한 토지를 '합중국에 직속된 영토(제4조 제3절 제2항)'로 빼앗긴 인디언과 '노예'라는 말은 사용되지 않았지만 '그 밖의 모든 사람'이라는 표현 아래 하원의원 선출과 직접세 과세 기준에 있어 백인 1명당 5분의 3명으로 헤아린(이른바 '5분의 3 조항', 제1조 제2절 제3항) 70만 명의 흑인 노예였다.

게다가 1807년 이전에는 '정당한 입국으로 인정받은 사람들의 이주 또는 수입(흑인 노예무역)'은 약간의 세금만 내면 헌법에 따라 보장되었다(제1조 제9절 제1항). 미국의 흑인 노예제도는 이 나라 최고의 법률 보호를 받으며 오래도록 살아남을 법적 근거를 얻은 것이다. 견백동이堅白同異라는 중국의 고사와 같이 '백마는 말이 아니다'라는 식으로 말하자면 '흑인은 사람이 아니다'라는 것을 합중국 헌법을 통해 선언한 셈이다.

프랑스혁명보다 먼저 자유와 평등의 기치 아래 민주주의 혁명을 통해 민주공화국이 된 이 나라는 그 탄생 과정에서 또다시 가장 비민주주의적인 노예제도를 헌법으로 용인하게 되었다. 그 역사적 중요성에 대해 역사학자 제임스 S. 알렌James S. Allen은 '미국에서 영국에 대한 혁명(독립 혁명)은 제2의 혁명(남북전쟁)을 초래하는 정치적 외각을 만들어냈다. 북부에서는 자유로운 농업과 자유로운 노동이 바탕이 된 사회가 탄생했지만, 남부에서는 노예를 동산으로 취급하는 제도가 바탕이 된 사회가 발전했다. 하나의 헌법 그리고 하나의 공화국 안에서 북부와 남부는 각기 다른 사회·정치 제도를 만들어냈다'라고 말했다.

반노예제 감정의 고조와 흑인 병사의 활약

독립 혁명에는 이런 역사적 제약 이른바 한계가 있었던 것이 사실이지만, 이런 사태가 민중과 그 대변자 측의 아무런 저항 없이 실현된 것은 아니었다.

식민지에서 고조된 혁명적 기운은 반노예제 감정을 불러일으켰으며 혁명 지도자 중에는 앞장서서 노예제도를 비난하는 사람도 나타났다. 퀘이커 교도 중에는 일찍이 노예제에 반대하는 사람이 많았지만 그런 일반적인 반노예제 감정에서 한 발 더 나가 1764년 자유에 대한 흑인의 양보할 수 없는 권리를 주장하고 그들의 저항권을 옹호한 제임스 오티스James Otis의 『영국 식민지의 권리』가 등장한 것은 이런 기운이 최초로 표명된 것이라고 할 수 있다. 스킬먼Charles H. Skillman 목사도 《자유의 미점에 대하여》라는 팸플릿에서 흑인 노예의 즉시 해방을 요구하는 동시에 그들의 저항권이 자연법에 합치한다고 주장했다. 또 아비게일 애덤스Abigail Adams는 1774년 남편 존 애덤스에게 쓴 편지에서 '나는 우리와 똑같이 자유를 누릴 권리를 가진 사람들(흑인)에게서 우리가 훔친 자유를 획득하기 위해 영국 본국의 압정과 싸우는 것이 부조리하다고 생각한다'라고 썼다.

이런 사람들 외에도 우리는 노예제를 비난한 많은 '혁명의 조상'들의 이름을 들 수 있다. 예컨대 『상식Common Sense』의 저자로 일약 유명해진 토머스 페인은 이 책이 출간된 전 해인 1775년 필라델피아의 한 신문에 「미국의 아프리카인 노예제도」라는 제목의 논설을 발표했다. 그는 이 논설에서 노예제도 폐지와 함께 해방된 흑인에게는 자유뿐 아니라 생활 수단으로 토지도 제공해야 한다고 주장했다. 토머스 제퍼슨은 자신이 소유한 노예 대부분을 해방시켰으며 조지 워싱턴도 세상을 떠나기 전 자신의 노예를 해방하라는 유언을 남겼다.

그리하여 1775년 4월 필라델피아에서 벤저민 프랭클린이 이끄는 미국 최초의 노예제 반대협회가 설립되었다. 그는 노예제도가 공업 발전의 걸림돌이라고 여겼으며 흑인이 백인보다 열등하다는 인종 이론에 반대했다. 이를 계기로 각지에서 지방 단위의 노예제 반대협회가 잇따라 조직되고* 1794년 1월에는 필라델피아에서 전국대회가 개최되기에 이르렀다. 이 전국 대회에는 10개 주의 대표가 참석했다. 그들은 노예제도와 노예무역을 거

---

* 각지에 설립된 노예제 반대협회를 연대순으로 나열하면 1785년 뉴욕, 1786년 로드아일랜드, 1788년 델라웨어, 1789년 메릴랜드, 1790년 코네티컷, 1791년 버지니아, 1792년 뉴저지와 펜실베이니아 순이다.

세계 비판하는 동시에 의회에 진정하는 등의 활동을 펼쳤다. 이런 활동에는 진보적인 백인뿐 아니라 자유 흑인들도 다수 참가했다.

흑인들은 자유 흑인이나 노예 모두 이 혁명이 그들에게도 자유를 가져다주리라는 것을 직감하고 앞장서서 투쟁의 전열에 참가했다. 크리스퍼스 애틱스는 그 상징에 불과했다. 일찍이 오티스가 자유에 대한 흑인의 양보할 수 없는 권리를 주장했을 무렵, 매사추세츠에서는 흑인 스스로 노예제가 자연권에 반한다는 이유로 자신들도 자유를 누릴 권리가 있다고 주장하며 식민지 의회에 청원했다. 미국의 역사학자 허버트 앱시커Herbert Aptheker는 1773년부터 1780년까지 매사추세츠, 코네티컷, 뉴햄프셔에서 이루어진 자유를 요구하는 흑인들의 집단 청원이 자료로 남아있는 것만 해도 10여 건이 넘는다고 말했다.

이런 활동에 노예가 참여하는 것은 어려웠지만 흑인들은 크게 두 가지 방법으로 혁명에 적극 참여했다. 하나는 다수의 흑인 노예들이 남부의 플랜테이션 농장에서 개인 또는 집단적으로 도망친 일이며 다른 하나는 노예를 포함한 많은 흑인이 직접 혁명군에 투신해 영국군에 맞선 것이다.

영국은 처음부터 식민지 측의 가장 큰 약점이 노예제도라는 것을 알고 틈만 나면 이를 자신들에게 유리하게 이용하고자 했다. 버지니아의 총독 존 머레이John Murray 이른바, 던모어 경이 1775년 11월 영국군에 투신해 혁명군과 싸우는 노예에게 '국왕군에 참가하는 시점부터 노예 신분에서 해방될 것'이라고 공포한 것도 그런 이유에서였다. 오랜 세월 동안 흑인 노예무역을 장악하고 실제 서인도제도에서는 많은 노예를 거느렸을 뿐 아니라 왕당파 중 다수가 대농장주였던 사정 등을 생각하면 던모어의 포고에 숨은 기만성이 여실히 드러났지만 그런데도 많은 흑인 노예들이 해방의 기회를 찾아 속속 플랜테이션 농장을 탈출했다. 이런 흑인들의 행동을 두고 그들의 무지와 낮은 의식 수준을 비난하기는 쉽지만, 그것은 피상적인 견해다. 애초에 그들의 목적은 영국군에 참가하는 것이 아니었기 때문이다. 그들이 바라는 바는 오직 자유의 획득! 그것뿐이었다. 따라서 흑인의 잠재적 에너지가 역사의 진보를 위한 일에 발휘되지 못하고 이처럼 반대 방향으로 나타났다고 해도 그것은 그들의 잘못이 아니라 독립 혁명의 약점인 셈이다.

사실 흑인은 적극적으로 혁명군에 투신했을 뿐 아니라

미국의 동맹군으로도 참가했다. 그뿐만이 아니다. 남부 농장주가 그들의 총구가 자신을 향할지 모른다는 두려움과 노예라는 재산의 상실을 우려해 흑인의 혁명군 참가를 적극 저지했음에도 불구하고 영국군에 맞서 싸우기를 바란 그들은 혁명 지도자들의 협력으로 마침내 1776년 1월 자유 흑인의 군대 참가를 인정받았다.

실제로는 그 이전에도 다양한 형태로 군대에 참가한 흑인이 적지 않았으며 거기에는 노예도 포함되어있었다. 그들은 '큰 전투에서 흑인이 참여하지 않은 전투는 전무했다'라고 할 만큼 크게 활약했다. 콩코드, 벙커 힐, 타이콘데로가, 분스버러, 새러토가, 요크타운……등등의 전투에서 흑인 병사는 백인 병사가 따라잡지 못할 만큼 용감히 싸웠다. 척후병으로서도 뛰어난 능력을 발휘하고 함대 근무는 물론 파르티잔 부대에도 참가했다. 피터 세일럼, 세일럼 푸어, 제임스 아미스테드, 오스틴 대브니 등의 이름은 지금도 널리 알려져 있으며 데보라 가넷은 남장을 하고 참전한 흑인 여성이었다. 이 밖에도 미국의 자유를 위해 싸운 수많은 흑인 병사들 이름이 독립 혁명의 역사에 아로새겨져 있다.

이 전쟁에서 정식으로 미국의 군대에 참가한 흑인 병

사의 수는 미국의 육해군 장병 30만 명 중 최소 5,000명, 동맹군이었던 프랑스 군대에 참가한 병사는 700명으로 추정된다. 그 밖에도 많은 흑인이 첩자, 안내인, 요리사, 마부 등으로 직접 혁명군을 위해 일했다.

노예제 폐지를 향한 움직임

노예제도가 헌법에 따라 용인되었다는 사실은 남부 농장주 중심의 과두 권력이 거둔 승리였지만 새롭게 탄생한 미합중국이라는 공화국의 모든 주 특히 새로 연방에 가입한 여러 주에서도 노예제도가 인정된 것은 아니었다.

앞서 흑인을 포함한 광범위한 민중의 혁명적 기운이 고조되는 상황에 당시에는 아직 연방에 가입하기 전인 버몬트가 1777년 노예제를 폐지한 것을 계기로 북부의 각 주에서는 전쟁 당시부터 전후에 걸쳐 노예무역 금지 또는 노예제도의 점진적 폐지 조치가 잇따르며 점차 노예제 폐지 방향으로 진행되었다.* 같은 시기 남부에서도 개인적인 노예 해방이 널리 이루어졌다. 또 1787년의 북

---

* 이런 조치가 이루어진 주를 연대순으로 나타내면, 1780년의 펜실베이니아, 1783년 매사추세츠, 1784년 코네티컷과 로드아일랜드, 1799년 뉴욕, 1804년 뉴저지이다.

서부 토지 조례로 북서부(후에 오하이오, 인디애나, 일리노이, 미시간, 위스콘신 등의 여러 주가 탄생했다) 지역에서는 애초에 노예제도가 금지되었으며* 1807년이 되자 마침내 노예무역 금지 법률이 의회를 통과했다.

북부 및 북서부에서의 노예제 폐지는 이들 지역이 다양한 자연적 제약 때문에 애초에 노예 노동에 적합하지 않았다는 사정도 있지만 동시에 독립 혁명의 민주주의적 전통 특히 자유를 요구하는 흑인의 강력한 에너지가 그것을 뒷받침한 것만은 분명하다.

미국 각지의 노예제 반대협회가 잇따라 활발한 활동을 전개하고 퀘이커 교도들은 노예제 폐지를 설득하는 데 열심이었다. 자유 흑인은 흑인을 위한 독립 교회를 세우거나 흑인을 위한 학교를 세우기도 했다. 그것은 그들에게 있어 인종적 편견에 가득 찬 백인이 주장하는 백인 우월＝흑인 멸시에 대한 투쟁이었다.

---

* 1783년의 파리 조약 결과, 미국의 영토는 일약 2배 이상 증가했다. 즉, 독립 혁명 당시 애팔래치아산맥 이동以東의 대서양 연안 일대 40만 제곱마일가량의 미국 영토는 파리 조약 체결로 북으로는 캐나다, 남으로는 플로리다를 경계로 하고 서로는 미시시피강에 이르는 전역을 새로 얻게 되면서 88만 800제곱마일 이상으로 증가했다. 새롭게 부가된 영토는 결국 합중국의 '공유지'가 되었는데 여기에는 당시 2개의 유명한 토지법이 제정되었다. 1785년의 '공유지 조례'와 1787년의 '북서부 영지 조례'다. 공유지 조례는 공유지의 측량 및 토지 분배법을 규정한 것이며 북서부 영지 조례는 북서부 지방의 통치 조직 또는 정치 형태를 규정한 것이었다. 북부의 노예제도는 이 북서부 영지 조례 제6조에 의해 금지되었다.

노예제도의 속박에 얽매어있던 남부의 흑인 노예들도 이 전열에 참가했다. 그들은 다양한 방식으로 저항했는데 그중에서도 가장 격렬한 방식은 노예 폭동이었다. 허버트 앱시커는 1791년부터 1810년까지의 기간 동안 남부에서 일어났던 40건 이상의 노예 폭동 혹은 폭동 모의, 방화, 그 밖의 반항 기록에 관해서도 이야기했다. 그중에서도 가장 규모가 컸던 것은 실행에 옮겨지기 전에 진압된 1800년 8월 버지니아주 리치먼드 부근에서 일어난 가브리엘 프로서Gabriel Prosser의 봉기였다. 이 봉기에는 1천 명 혹은 1만 명이라고도 알려진 무장 노예들이 참가했었다고 한다. 그로부터 10년 후인 1811년 루이지애나주 뉴올리언스 부근에서 일어난 봉기도 마찬가지로 초기에 진압되었지만 수백 명의 노예가 참가했다.

이와 같은 노예제 반대 움직임은 당시 국제 정세의 변화에 의해서도 크게 촉진되었다. 유럽에서는 프랑스혁명 폭풍이 휘몰아치고 미국과 인접한 아이티에서는 노예 혁명이 성공하면서 1803년 흑인 공화국이 탄생했다. 아이티 혁명의 성공은 그 후 라틴아메리카 제국을 휩쓴 식민지 해방 투쟁의 돌파구가 되었는데 여기서 주의해야 할 점은 이런 국제 정세의 변화에 미국의 독립 혁명이 직

간접적으로 자극이 되었다는 것이다. 당시의 노예제 반
대 움직임은 국제적으로 상호 관련성을 가지고 있던 것
이다.

노예 감독의 감시 하에 목화를 수확하는 흑인 노예들

3. 남부의 면화 왕국

플랜테이션 노예제도

미합중국이 노예무역을 금지한 1808년 영국도 같은 조치를 취했다. 덴마크는 1802년 이미 자국 영토 안에서의 노예무역을 금지했으며 1819년에는 프랑스도 그 뒤를 따랐다. 노예무역 금지가 국제적인 풍조라는 사실이 분명해 보였다.

하지만 독립선언서 작성 과정에서 그토록 반대했던 미국 남부의 농장주와 북부의 노예무역 상인들이 노예무역 금지를 받아들인 데는 그만한 이유가 있었다. 일반적으로는 독립 혁명이라는 역사적 대변혁이 초래한 새로운 시대를 맞은 남부의 플랜테이션 노예제도가 중대한 위기에 직면했기 때문이다. 식민지 시대 주요 상품작물은 하나같이 왕년의 '유리함'을 잃어버리고 쪽 재배 등은 완전히 쇠퇴한 데다 노예 인구도 늘어나서 노예 가격이 하락했다. 사실상 이미 과잉 상태의 노예 인구를 수용한 남부의 여러 주는 1796년까지 실질적인 노예 수입을 금지하고 있었다.

제퍼슨이 자신의 노예 대부분을 해방하고 워싱턴도 노예를 해방하라는 유언을 남긴 일에 대해 앞서 이야기한 바 있는데 거기에는 이런 사정도 작용했다. '혁명의 조상'

중에도 언젠가 미국에서 노예제도가 자연히 사라지게 될 것이라는 기대를 품은 사람이 있었을 것이다. 그들뿐만이 아니다. 노예제도의 열렬한 옹호자였던 버지니아주의 농장주이자 정치가 존 랜돌프John Randolph조차 당시에는 '노예제도는 이 세상의 추락'이라고 말했을 정도다. 하지만 그런 랜돌프가 손바닥 뒤집듯 '시대가 변했다'라며 말을 바꾸자 '혁명의 조상'의 기대는 허망한 꿈으로 바뀌고 말았다. 흑인 노예제도를 '적극적인 선'으로 여기는 노예 철학의 비호 아래 기호품이었던 과거의 담배 대신 공업용 원료인 면화가 주요 생산 소재인 '면화 왕국'을 중심으로 플랜테이션 노예제도가 급기야 남부 전역에서 전과는 비교도 되지 않을 정도의 규모로 되살아나고 발전한 이유는 무엇이었을까. 거기에는 다양한 사회적, 기술적 요인이 작용했지만, 그 근원은 누가 뭐라 해도 독립 혁명이 흑인을 동산으로 취급하는 노예제도에 입각한 남부의 대토지 소유를 폐지하지 못했기 때문이다.

그렇다면 과연 미국 남부의 플랜테이션은 경제사적으로 어떤 의미를 지니고 있었을까. 플랜테이션이라는 말은 어원적으로 영국의 서인도제도와 북아메리카에서의 식민 활동과 관련이 있었으며 처음에는 막연히 식민지 또는 개척지 정도의 의미로 사용되었다. 예컨대 '순례 시조'에 의해 창설된 뉴잉글랜드 지방의 한 식민지는 플리머스 플랜테이션이라고 불리었다. 하지만 버지니아를 비롯한 남부 식민지의 발전 과정에서 농업 생산의 한 형태로 발전했으며 남부의 기본적인 사회, 경제 제도로 자리 잡았다.

농업 생산의 한 형태로서의 플랜테이션의 특징은 노예 노동이라는 부자유 노동을 토대로 '이윤' 획득이라는 목적을 가지고 해외 시장용 주요 상품작물을 생산하는, '자본'에 의해 경영되는 대규모 상업적 농업 기업이라는 점이다. 표면적으로는 다분히 근대적 = 자본주의적 양상을 보였지만 실상은 본원적 축적기의 영국 상업 자본이 식민지 수탈을 목적으로 만들어낸 전근대적인 착취 제도로 그 자체가 근대적 = 자본주의적 성격을 가진 것은 아니었다. 예를 들어, 여기서 말하는 '자본'은 근대 자본주의의 독자적인 산업 자본과는 구별되는 이른바 '전기적 자본'이며 무엇보다 플랜테이션에서의 생산적 노동은 노예 노동이라는 부자유 노동으로 노동력의 상품화와는 거리가 멀다. 즉, 과잉 가치의 실현은 경제 외적인 강제에 따라 이루어지고 상품 교환이라는 경제 법칙은 생산 과정의 내부에까지 침투하지 않은 것이다.

플랜테이션은 이처럼 전근대적 성격을 지녔으며 그 경우 그것은 거기에서 생산되는 상품작물의 종류와는 본질에서 어떤 관계도 없다. 생산된 작물이 얼마만큼 시장 유효성을 갖는지가 문제다. 독립 혁명 직후의 시기에는 식민지 시대의 상품작물이 다양한 사정으로 인해 과거에 가지고 있던 시장 유효성을 잃으면서 노예제도가 쇠퇴하는 경향을 보였다. 그렇기에 식민지 시대의 상품작물을 대신해 새로운 역사 환경에 적응한 시장 유효성을 지닌 다른 상품작물이 등장하면 이를 생산적 소재로 또다시 노예제도가 되살아나고 발전하는 것은 오히려 당연한 결과였다. 그 새로운 상품작물이 바로 면화였다. 여기서 합중국 헌법의 노예제도 용인이라는 사실 속에 드러난 독립 혁명의 역사적 한계가 결정적인 역할을 하게 된다.

면화는 왕이다

19세기의 시작과 동시에 영국에서는 산업혁명이 비약적으로 진전하면서 미국의 면화에 대한 수요가 급격히 증대했다. 또 미국 국내에서도 독립 혁명으로 영국의 면직물 수입이 중단된 것을 계기로 텐치 콕스Tench Coxe 등이 면화 재배를 장려하는 움직임이 나타났다. 영국에는 미치지 못하지만 뉴잉글랜드 지방을 중심으로 발달한 면직 공업 역시 면화 수요가 증가하는 배경이 되었다. 이런 사회적 요청에 부응하기 위해 신품종의 도입과 기술 혁신도 진행되었다.

즉, 이 무렵에는 종래의 장섬유 품종인 해도면海島綿 대신 녹색 종자를 가진 새로운 단섬유 품종인 육지면陸地面이 도입되었으며 1793년에는 엘리 휘트니Eli Whitney가 그런 신품종 면화를 효과적으로 처리할 수 있는 조면기繰綿機를 발명했다. 휘트니의 조면기는 롤러에 금속망을 감은 간단한 기구였다. 하지만 이 기구를 이용하면 이전에는 하루종일 육지면에서 1파운드가량의 면섬유밖에 얻지 못했던 것이 일약 150파운드, 수력을 이용하면 1,000파운드나 되는 면화를 처리할 수 있게 되었다. 또 새롭게 도입된 단섬유 품종의 육지면은 종래의 장섬유 품종인 해도면에는 없는 공업용 원료로서의 이점을 다수 가지고 있었다. 그 주된 이점은 재배 기술이 간단하고 단위 면적당 생산량도 많으며 무엇보다 재배 적지適地가 훨씬 광범위하다는 것이다.

그리고 때마침 들불처럼 번지기 시작한 서점 운동의 진행과 함께 19세기 전반에 걸쳐 새롭게 개발된 여러 주를 포함한 남부의 거의 모든 지역이 육지면 재배에 개방되었다. 면화는 일찍이 사우스캐롤라이나주나 조지아주와 같은 해안가에 있는 협소한 지역에서부터 피드몬트 고지를 넘어 테네시, 앨라배마, 미시시피, 아칸소, 루이지애나, 텍사스주에 이르는 광대한 영역에 이른바 '면화 왕국'을 건설했다.

1790년 불과 3,000포대였던 면화 생산량은 1800년에는 7만 3,000포대, 1810년에는 17만 8,000포대, 1820년에는 33만 4,000포대, 1830년에는 73만 1,000포대, 1840년에는 134만 6,000포대, 1850년에는 213만 4,000포대 그리고 1860년에는 383만 7,000포대로 크게 증대했다. 더불어 미국의 면화 수출(대부분 영국 대상)도 급속히 증가해 1840년과 1850년에는 미국의 총수출액의 2분의 1, 1860년에는 58퍼센트에 이르렀다. 바야흐로 면화는 남부뿐 아니라 당시 미국 경제 전체에 지배적인 영향을 미치게 되었다.

이런 사정을 반영해 사우스캐롤라이나주의 상원의원 제임스 헨리 하몬드James Henry Hammond는 1858년 3월 4

일 합중국 의회 상원에서 자못 자랑스럽게 말했다. '만약 3년간 면화 공급이 중단되면 무슨 일이 일어날까. ……영국은 완전히 붕괴하고 다른 문명 세계도 모두 거기에 휩쓸릴 것이다. 그러나 남부는 다르다. 누가 감히 면화와의 전쟁을 벌이겠는가. 어떤 권력도 면화와 전쟁을 하지 못할 것이다. 면화는 왕이다!'

하지만 이런 면화 생산의 증대는 남부의 모든 주에서 면화 재배가 균등히 발전했기 때문이 아니었다. 1810년 무렵, 미국의 면화 총생산량의 불과 16분의 1밖에 생산하지 못했던 앨라배마, 테네시 이서以西의 여러 주가 동부의 면화 생산 주에서의 현저한 생산량 증대에도 불구하고 1820년에는 3분의 2, 1830년에는 2분의 1, 1840년에는 또다시 3분의 2 그리고 1860년에는 4분의 3의 생산량을 올리게 된 경위에 분명히 드러나 있다. 1850년의 면화 생산량 상위 5개 주는 앨라배마, 조지아, 미시시피, 사우스캐롤라이나, 테네시 순이었으나 1860년에는 미시시피, 앨라배마, 루이지애나, 조지아, 텍사스 순이 되었다. 그리고 이런 주들이 면화 왕국의 심장부를 형성했다. 거기에는 비옥한 검은 흙으로 덮인 흑토 지대가 드넓게 펼쳐져 있었는데 그 지역은 흑인이 주민의 과반수를 차지하는 흑인 지대이기도 했다. 이른바 블랙 벨트다.

면화 생산량의 증대와 궤를 같이하듯 흑인 노예의 수도 증가했다. 1800년 89만 4,000명이었던 흑인 노예는 1810년에는 119만 1,000명, 1820년에는 153만 8,000명, 1830년에는 200만 9,000명, 1840년에는 248만 7,000명, 1850년에는 320만 4,000명 그리고 1860년에는 395만 4,000명에 달했다. 이 경우도 면화 생산과 마찬가지로 남부의 디프사우스 특히 남서부 주들의 증가가 현저했다. 예컨대 당시 메릴랜드나 델라웨어주에서는 흑인 노예의 수가 전체적으로 감소했으며 버지니아주에서는 절대 수가 증가해 여전히 미국 최대의 노예주의 지위를 고수했지만, 증가율은 1830년부터 1860년까지 불과 4퍼센트에 그쳤다. 노스캐롤라이나주는 35퍼센트의 증가율을 보였는데 이것도 연간 비율로 보면 거의 미미한 수준이다.

반면에 새롭게 개발된 여러 주 예컨대 앨라배마, 미시시피, 루이지애나, 아칸소 등의 남서부 각주에서 흑인 노예의 증가가 두드러졌다. 1810년과 1860년의 두 해를 비교하면 메릴랜드, 버지니아, 노스캐롤라이나 3개 주의 총 노예 수는 불과 1.34배 증가했지만 앨라배마, 미시시피, 루이지애나, 아칸소 4개 주의 총 노예 수는 1810년의 수가 아무리 적었다고는 해도 25배가량 증가했다.

〈표4〉는 1860년 남부에서 노예제를 인정하던 15개 노예주의 흑인 노예 인구와 자유 흑인 및 백인 인구를 각 주 별로 나타낸 것이다. 이 표에서도 알 수 있듯 당시에

〈표4〉 남부 노예주의 백인 인구와 흑인 인구(1860년)

주	백인	자유 흑인	흑인 노예	합계
*앨라배마	526,431	2,690	435,080	964,201
*아칸소	324,191	144	111,115	435,450
델라웨어	90,589	19,829	1,798	112,216
*플로리다	77,748	932	61,745	140,425
*조지아	591,588	3,500	462,198	1,057,286
켄터키	919,517	10,684	225,483	1,155,684
*루이지애나	357,629	18,647	331,726	708,002
메릴랜드	515,918	83,942	87,189	687,049
*미시시피	353,901	773	436,631	791,305
미주리	1,063,509	3,572	114,931	1,182,012
노스캐롤라이나	631,100	30,463	331,059	992,622
*사우스캐롤라이나	291,388	9,914	402,406	703,708
테네시	826,782	7,300	275,719	1,109,801
*텍사스	421,294	355	182,566	604,215
버지니아	1,047,411	58,042	490,865	1,596,318
합계	8,038,996	250,787	3,950,511	12,240,294

출처: U. S. Bureau of the Census, Negro Population in the United States, 1790~1915, 1918. p. 57.
비고: 1) * 표는 남부 디프사우스의 여러 주
　　　2) 참고로 1860년 미합중국의 총인구는 31,443,321명이다. 구체적으로는 백인이 26,922,537명, 흑인은 자유 흑인이 488,070명, 노예가 3,953,760명으로 총 4,441,830명. 그리고 나머지 78,954명이 그 외의 인종이다.

도 미국 최대의 노예주는 버지니아였지만 흑인 노예의 과반수는 남부 디프사우스의 여러 주가 차지하고 있다. 또 각 주의 총인구에 대한 흑인 노예의 비율은 사우스캐롤라이나주가 57퍼센트로 최대였으며 계속해서 미시시피주가 55퍼센트, 루이지애나주 47퍼센트, 앨라배마주 45퍼센트, 플로리다주, 조지아주가 44퍼센트, 노스캐롤라이나주 33퍼센트, 버지니아주 31퍼센트, 텍사스주 30퍼센트, 아칸소주 26퍼센트, 테네시주 25퍼센트, 켄터키주 20퍼센트, 메릴랜드주 13퍼센트, 미주리주 10퍼센트, 델라웨어주가 2퍼센트였다.

두 개의 남부

당시 남부가 면화 생산에만 전념한 것은 아니었다. 또 흑인 노예가 전부 면화 생산에 종사한 것도 아니다.

1850년 남부의 플랜테이션 농장은 10만 1,335여 곳에 달했다. 그 내역은 면화 농장이 7만 4,031곳, 담배 농장 1만 5,745곳, 설탕 농장 2,681곳, 마麻 농장 8,327곳, 쌀 농장이 551곳이었다. 흑인 노예의 경우, 당해의 노예 수 약 320만 4,000명 중 250만 명가량이 농업에 종사했는데 구체적으로는 면화 농업에 181만 5,000명, 담배 농업 35만 명, 설탕 농업 15만 명, 마 농업 6만 명, 쌀 농업 12만 5,000명의 비율로 각각의 작물 생산에 동원되었다. 이처럼 당시 남부 주요 상품작물은 면화 이외에도 담배, 설탕, 마, 쌀 등이 있었다. 이런 작물들은 각각의 재배 적지에 따라 남부 여러 지역에서 다음과 같은 주요 상품작물 지대를 형성했다.

면화 지대—노스캐롤라이나주 남부에서 텍사스주 동부에 걸친 광대한 지역. 면적은 남북 캐롤라이나주, 텍사스주에서는 약 200마일, 미시시피주 부근에서는 700마일에 달했다. 길이는 1,000마일 이상이었다.

담배 지대—메릴랜드주 남부, 블루리지 동부의 버지니아주, 노스캐롤라이나주 북부, 켄터키주 서부, 테네시주 북서부, 미주리주 중부 등 여러 주의 경계 지역.

쌀 지대—사우스캐롤라이나주, 조지아주 해안가의 가늘고 긴 지역 및 노스캐롤라이나주 동남부의 돌출된 지역.

설탕 지대—대개 레드강 이남의 루이지애나주와 갤버스턴 부근을 중심으로 한 멕시코만에 면한 텍사스주의 작은 지역.

마 지대—켄터키주 각지와 미주리주 중부 지역.

설탕이나 쌀 농업은 일반적으로 거대한 플랜테이션 농장이 지배적이었기 때문에 소농장주나 농민이 개입할 여지가 전혀 없었지만, 그 밖의 작물 생산에는 그들도 다수 종사했다. 또 이런 플랜테이션 농장에 섞여 주로 자급자족적 농업에 종사하는 독립 자영 농민들의 작은 농장도 다수 존재했는데 그들은 특히 주의 경계 지역이나 피드몬트 고지에 많고 디프사우스의 여러 주에는 거대 플랜테이션 농장이 집중되어있었다.

이런 사정은 앞서 이야기한 흑인 노예들의 지역적 분포 특히 노예 인구 밀도의 지역적 편차에도 나타나지만 동시에 토지의 집중 및 독점적 소유가 나타나는 지역적 차이와도 상응한다. 즉, 다수의 흑인 노예와 광대한 토지를 소유한 대농장주일수록 디프사우스 지역에 많고 소농장주나 독립 자영 농민은 주의 경계 지역에 많다는 것이다. 이런 극소수의 거대 농장주가 대부분의 흑인 노예와 광대한 토지를 소유하고 있었다.

이렇게 면화 왕국으로 불린 남북전쟁 이전의 남부 이른바 앤터벨룸antebellum 남부는 면화 생산을 기본 축으로 삼아 그 밖의 주요 상품작물을 포함한 생산물과 흑인 노예, 농장주, 독립 자영 농민 등의 인적 요소 그리고 토지 소유 등의 존재 형태로 사우스캐롤라이나, 조지아, 플로리다, 앨라배마, 미시시피, 아칸소, 루이지애나, 텍사스의 여러 주로 이루어진 디프사우스와 델라웨어, 메릴랜드, 버지니아, 노스캐롤라이나, 켄터키, 테네시, 미주리의 여러 주로 이루어진 어퍼사우스(주 경계 지역)로 크게 나눌 수 있다. 그리고 이 디프사우스야말로 당시 흑인 노예 제도의 근거지였다.

해 뜰 때부터 해 질 때까지

'노예 소유자란, 같은 인간에 대해 소유권을 주장하고 행사하는 사람을 말한다. ……흑인 노예란, 모든 권리를 박탈당하고 짐승과 같은 대우를 받으며 법률상 동산에 불과한 존재로 인류의 동포도 아닐뿐더러 인간과 분리된 존재다. 그들은 자기 소유의 어떤 물건도 가지지 못한다. 그들은 타인의 과실을 수확하기 위해 고된 노동을 하고 타인이 일하지 않고 살 수 있도록 땀 흘려 일한다.' 도망 노예 출신으로 노예제 폐지 운동의 가장 뛰어난 지도자 중 한 명이었던 프레더릭 더글러스는 과거 자신의 노예 생활에 대해 이렇게 회상했다.

노예 소유자들은 낮에는 사냥, 밤에는 무도회 등으로 바쁜 일상을 보냈다. 간혹 모임 자리에서는 노예를 몇 년쯤 부려야 가장 이득인지가 면화 가격이나 자녀 교육에 관한 이야기와 함께 화제에 오르기도 했다. 한편, 흑인 노예들은 생계에 필요한 최소한의 생필품조차 쉽게 얻지 못하고 하루종일 소나 말처럼 일해야 했다. 배가 고프다고 자신이 힘들게 수확한 과실을 먹으면 도둑질을 했다는 이유로 채찍질을 당하고 뿔뿔이 흩어진 아내와 자녀를 몰래 만나러 가면 도망을 시도했다며 낙인이 찍혔다. 결국 못 견디고 도망치면 사나운 개들이 뒤를 쫓았다. 잡히면 귀가 잘리거나 목숨을 잃기도 했다. 해리엇 비처 스토Harriet Beecher Stowe의 『톰 아저씨의 오두막Uncle Tom's Cabin』을 비롯한 다양한 작품에 그려진 이런 야만적인 착취 제도가 바로 면화 왕국을 떠받친 19세기 전반 미국 남부의 흑인 노예제도였다.

한 거대 농장주는 자신이 사는 대저택이 딸린 대농원 이외에도 다른 장소에 대농원 여러 개를 가지고 있었다. 또 다른 농장주는 농원에 거주하지 않고 가족과 함께 마을에서 지내며 정치가나 변호사 또는 토지 투기업자 등의 직업을 가지고 있었다. 이런 경우, 농장주는 스튜어드Steward라고 불리는 관리 책임자를 고용해 농원 운영을 맡겼다. 다만, 스튜어드를 고용할 정도의 농장주가 아니어도 농원의 일상적인 지시는 대개 오버시어Overseer라고 불리는 백인 노예 감독이 담당했다. 소농장주 중에는 노예 감독을 두지 않고 자신이 직접 지시를 내리는 사람도 있었지만, 노예 감독은 항상 노예를 감시하고 온갖 수단을 동원해 노예를 혹사하는 일을 자신의 직무로 여겼다. 노예 감독 밑에는 흑인 노예 중에서 뽑은 드라이버Driver라고 불린 흑인 반장을 두기도 했다. 같은 노예이면서도 동료 노예를 감시하는 '엘리트' 노예로 백인 노예 감독의 조수와 같은 역할을 했다.

대다수 노예는 이런 엄혹한 통제에서 일했는데 그 노동 형태에는 크게 두 가지 유형이 있었다. 이른바, 태스크 시스템task system이라고 불린 '할당 제도'와 갱 시스템 gang system이라고 불린 '조組 제도'다. 할당 제도의 경우, 노예들은 그날 해야 할 분량의 일을 미리 지시받고 맡은 분량을 끝마칠 때까지 그날의 노동에서 해방되지 못하지만, 일찍 마치면 그만큼 빨리 집으로 돌아갈 수 있었다. 이 제도는 주로 쌀 재배에 채용되었다.

한편, 조 제도는 채찍과 감시에 의지한 방식으로 노예

들은 몇 명씩 '조'를 편성해 함께 일했다. 조 제도는 할당 제도보다 널리 이용되었으며 면화와 담배와 설탕 재배에는 대부분 이 제도가 채용되었다. 하지만 실제로는 이 두 가지 노동 형태가 적절히 혼합되어 노예 노동을 최대한 효과적으로 이용하는 방식을 구상했다.

또 노예 노동을 한층 효과적으로 이용하기 위해 농장주는 노예를 노동 능력(연령)에 따라 몇 개의 단계로 구분했다. 이 구분에 따르면, 노예는 처음 '4분의 1'인 몫을 하다 점차 '2분의 1'인 몫을 하게 되고 더 성장하면 '4분의 3'인 몫 그리고 마침내 '한 사람' 몫의 노동을 오롯이 수행할 수 있게 된다는 것이다. 반대로 나이를 먹을수록 이 단계를 거꾸로 내려간다. 이 기준에 따르면, 젖먹이를 둔 여성 노예는 '2분의 1'인 몫으로 분류된다. 이처럼 노예는 5, 6세 이전의 '무용한 일손'을 제외하면 남녀노소 모두 '해 뜰 때부터 해 질 때까지' 있는 힘껏 일해야 했다.*

---

* 이번 장에서 다룬 여러 문제에 대한 자세한 내용은 졸저 『미국 남부 노예제 사회의 경제구조アメリカ南部奴隷制社会の経済構造』(이와나미 쇼텐, 1964년)를 참고하기를 바란다. 또 제8장, 제9장에서 이야기한 공민권 운동에 촉발되어 1970년대가 되면 흑인 노예제도의 제도사적 연구보다는 오히려 그 근원에 있는 흑인 노예들의 일상생활, 가족 형태, 문화와 가치관 등의 노예 사회slave community의 사회·문화사적 연구 이른바, 새로운 사회사 연구가 왕성히 이루어지고 있지만 여기서는 그 점에 대한 논평은 싣지 못했다.

사나운 추적견과 싸우는 도망 노예

4. 노예제 폐지 운동

노예제 폐지 운동

식민지 시대의 노예제도에는 어딘지 모르게 가부장제 요소가 있었다. 하지만 남북전쟁 이전의 노예제도에서 흑인 노예는 그들의 주인인 소유자의 명백한 '동산'으로 취급되며 주인과 노예 사이에 인간 대 인간의 관계는 흔적도 없이 사라지고 가혹한 노동과 채찍으로 지배하는 강제적인 관계로 바뀌었다.

그와 동시에 노예제도에 반대하는 움직임도 이전과는 전혀 다른 새로운 양상으로 전개되었다. 즉, 퀘이커 교도나 '혁명의 조상'들 사이에서도 종종 볼 수 있었던 인도주의, 개량주의적 점진적 노예 해방론 대신 혁명적이고 비타협적인 사람들에 의한 노예의 즉시, 무조건, 전면 해방을 주장하는 노예제 폐지 운동이 기본 방침이 되었다.

새로운 노예제 폐지 운동은 WASP 중심의 배외주의排外主義적 요소를 포함한 분명한 한계도 있었지만 잭슨 민주주의Jacksonian democracy로 알려진 당시의 다양한 사회 개혁운동 예컨대, 서부의 농민 운동, 동부의 노동 운동, 공상적 사회주의 운동, 각성 운동 특히 여성 해방 운동 등과 결합해 가장 전투적인 측면을 형성하며 하나의 조직된 운동으로 발전했다. 노예제도에 반대하는 사람들은 백인, 자유 흑인, 흑인 노예 모두 각자가 처한 상황에 맞게 독자적으로 때로는 서로 제휴해 운동에 참여했다.

다만, 당시 라틴아메리카 제국을 휩쓴 독립운동과 이들 나라에서의 노예제 폐지, 1825년 프랑스의 아이티 공화국 정식 승인(미합중국은 남북전쟁으로 자국의 노예 해방을 선언한 직후인 1864년 이를 정식 승인했다), 1833년 영국령 서인도제도의 노예제 폐지(단, 이때는 노예 소유자에게 보상금을 지불하고 노예는 일정 기간 도제로 일하다 해방되는 점진적 유상 방식이 도입되었다), 유럽 제국 예컨대 터키, 그리스, 이탈리아, 스페인, 프랑스, 벨기에, 폴란드 등에서의 잇따른 부르주아 민주주의 혁명의 진전 등…… 이런 국제적 상황이 미국의 노예제 폐지 운동에 큰 자극과 영향을 미쳤다는 것을 간과해서는 안 된다.

1831년 1월 1일, 보스턴에서 윌리엄 개리슨William Lloyd Garrison이 창간한 주간지《해방자The Liberator》가 발간되었다. 일찍이 벤저민 런디Benjamin Lundy의 점진적 폐지론을 옹호하던 개리슨은 입장을 바꾸었다. 그는《해방자》창간호에서 '……나는 진심으로 말한다. 나는 모호한 태도를 취하지 않겠다. 나는 용서하지 않겠다. 나는 1인치도 뒤로 물러나지 않겠다. 그리고 계속 말할 것이다'라고 천

명했다.

개리슨은 《해방자》의 발행과 동시에 웬델 필립스Wendell Phillips와 다른 많은 동지를 규합해 노예제 폐지를 위한 조직 활동에 힘을 쏟았다. 1832년 그의 지도로 뉴잉글랜드 노예제 반대협회가 결성되었으며 이듬해인 1833년 12월 마침내 필라델피아에서 전국 조직인 미국 노예제 반대협회가 설립되었다. 이 집회에는 대의원 67명이 출석하고, 아서 태편 피어선Arthur Tappan Pierson이 의장으로 선출되었다.

미국 노예제 반대협회는 1840년까지 지방 지부 2,000개, 총회원 수는 20만 명에 달했다. 협회의 주요 활동으로는 《해방자》나 《전국 반노예제 기준National Anti-Slavery Standard》을 중심으로 다수의 팸플릿과 정기 간행물을 발행하거나 반노예제 강연회를 개최하고 의회를 상대로 대중적인 청원 운동을 벌이기도 했다. 노예제 과두 권력은 이런 활동에 대해 거센 저항과 탄압 그리고 테러 위협도 서슴지 않았다. 개리슨, 버니, 태편 형제 등의 폐지론자들은 늘 신변의 위협을 느끼며 살아갔다. 그러던 1837년 11월 일리노이주 앨턴에서 노예제 폐지론자 엘리야 러브조이Elijah Lovejoy가 남부파 괴한의 습격으로 목숨을 잃는 사건이 발생했다. 러브조이를 살해한 범인들은 처벌을 받기는커녕 관리에 의해 석방되었다.

노예제 폐지 운동에 대한 탄압은 남부에서 특히 심했다. 여러 도시와 마을에서 '자경단'이 만들어졌고 단원들은 노예제도에 반대하는 사람이라면 상대를 가리지 않고 폭력을 행사했다. 또 노예제 과두 권력의 대변자들은 남부에 노예제도에 반대하는 각종 문서가 유입되지 못하도록 의회에 우편물 검열에 관한 법률을 만들기 위해 애썼으며 1836년에는 노예제 폐지론자들의 의회 청원 운동을 막기 위해 헌법에 보장된 언론 자유의 권리를 침해하면서까지 '함구령'을 제정했다. 우편물 검열에 관한 법률은 대중적인 반격에 부딪혀 남북전쟁 이전까지 오랜 투쟁이 이어졌지만, 실제 남부에서는 우편국장이 그러한 권한을 쥐고 있었기 때문에 '달갑지 않은 우편물'은 배달되지 않았다. 함구령은 1844년의 폐지까지 8년간 법률로 시행되었다.

자유 흑인과 식민 운동

개리슨의 노예제 폐지 운동에는 자유 흑인도 적극적으

로 참가했다. 개리슨은 《해방자》가 발간된 첫해의 구독자 450명 중 400명이 자유 흑인이었다고 말했다. 1834년에도 2,300명의 구독자 중 1,700명이 자유 흑인이었다.

자유 흑인은 흑인 노예제도가 낳은 하나의 모순적 존재로, 흑인 노예에게는 그것이 노예제도 하에서 그들에게 허락된 최대한의 '자유'를 의미했기 때문에 대부분의 흑인 노예들은 이 '자유'를 손에 넣고자 했다. 방법은 다양했는데 이를테면, 독립 혁명 당시와 같이 군에 복무함으로써 자유의 몸이 된 사람, 부지런히 일해서 모은 돈으로 주인에게 '자유'를 산 사람, 어떤 이유로 노예 소유자에 의해 해방된 사람, 이런 합법적인 수단이 아닌 도망이라는 비합법적인 방법으로 '자유'를 획득한 사람 등이 있었다.

자유 흑인의 증가율이 가장 높았던 시기는 독립 혁명 직후로, 전쟁에 참여한 흑인 노예에게 자유를 준 것 외에도 앞서 보았듯이 식민지 시대의 주요 상품작물 생산을 기초로 한 흑인 노예제도의 정체와 혁명 당시부터 혁명 이후까지의 노예제 폐지 풍조가 뒤얽혀 노예 소유자에 의한 자발적인 노예 해방이 이루어진 것이 큰 원인이었다. 1790년 5만 9,557명이었던 자유 흑인은 1800년에는 10만 8,435명으로 10년간 82.3퍼센트의 증가율을 보였다. 다음 10년 동안에도 자유 흑인의 증가율은 72퍼센트로 여전히 높았지만 1810년~1820년에는 25.2퍼센트로 저하해 남북전쟁 이전 1820년~1830년 36.8퍼센트의 일시적 상승을 제외하면 면화 왕국을 중심으로 한 흑인 노예제도의 확립과 함께 자유 흑인의 증가율은 계속해서 낮아지는 경향을 보이다 1830년~1840년에는 20.9퍼센트, 1840년~1850년에는 12.5퍼센트 그리고 노예제도 전성기였던 1850년~1860년에는 12.3퍼센트에 머물렀다.

그런데도 불구하고 자유 흑인의 절대 수는 점차 증가해 1810년에는 18만 6,446명, 1820년 23만 3,634명, 1830년 31만 9,599명, 1840년 38만 6,293명, 1850년 43만 4,495명 그리고 1860년에는 48만 8,070명에 달했다. 이런 증가세는 면화라는 새로운 상품작물의 등장과 함께 흑인 노예제도 강화에 힘쓰던 노예 소유자(농장주)에게는 커다란 위협이었다. 존 랜돌프도 이야기했듯 '자유 흑인의 존재 자체가 노예 재산의 안전을 위협하는 최대의 원인 중 하나'였기 때문이다.

자유 흑인을 아프리카로 송환하는 정책을 추진한 미국 식민협회는 이런 사정을 바탕으로 1816년 장로파 목사로버트 핀리Robert Finley에 의해 창설되었다. 사실 그 본질은 진정한 의미의 노예 해방이 아니라 흑인은 설령 '자유인'이라도 백인 사회에서 그들과 어울려 살아갈 수 없다는 백인 우월=흑인 멸시라는 인종적 편견에 근거해 흑인을 '격리'해 '추방'하는 정책이었지만 '식민'과 '해방'을 혼동해 '혁명의 조상'이나 노예제 반대론자에게까지 그 사상이 침투해 다수의 백인과 흑인 중에서도 찬동자가 나오는 등 노예제 반대 운동의 전열을 혼란스럽게 했다. 앞서 소개한 개리슨조차 한때는 이 식민 계획에 찬성했을 정도였다. 그가 이 정책과 결별한 것은 1832년《아프리카 식민지에 대한 생각Thoughts on African Colonization》이라는 제목의 팸플릿을 통해 이 정책을 거세게 비난한 이후의 일이다. 한편, 의회에서도 이 식민 계획이 구체적으로 검토되면서 1819년 시에라리온과 프랑스령 상아 해안 사이의 4만 제곱킬로미터 남짓한 아프리카 서해안의 한 지역이 흑인들을 위한 이주 장소로 마련되었다. 얼마 후 입식이 이루어지고 수도는 제임스 먼로James Monroe 대통령의 이름을 따 몬로비아Monrovia라고 명명되었다. 이것이 오늘날 라이베리아 공화국의 기원이다. 하지만 실제 아프리카에 입식한 미국의 자유 흑인의 수는 노예 소유자와 정부의 지지를 등에 업은 미국 식민협회의 노력에도 불구하고 매우 적었다.

백인 사회에서 흑인을 '격리'하는 이런 식민 계획은 그 후에도 흑인 해방의 한 형태로 여러 번 미국 역사에 등장했다. 예컨대, 링컨 대통령도 백인 사회에서 흑인을 '격리'하는 방식을 진지하게 고려했으며 반대로 흑인 민족주의와 결합해 제1차 세계대전 이후 마커스 가비Marcus Mosiah Garvey가 제창한 '아프리카로 돌아가자Back to Africa' 운동이나 1960년대 중반의 '흑인 회교도Black Muslim' 운동 등에서 볼 수 있듯 흑인 지도자들이 앞장서 '격리' 계획을 이끄는 경우도 있었다.

미국 식민협회의 자유 흑인 송환 운동에 반대하는 투쟁의 선두에 선 것은 진보적인 자유 흑인들이었다. 그리고 마침내 백인 노예제 폐지론자 다수가 그들과 연대했다. 그리하여 아프리카 송환 운동에 대한 반대 활동의 하나로 자유 흑인이 각지에서 대중적인 회합을 여는 이른바 '집회 운동Conventions Movement'이 1817년 리치먼드를 시작으로 필라델피아, 뉴욕, 클리블랜드 심지어 캐나다에서 열렸는데 특히 1830년 이후에는 대규모 운동으로 발전했다. 1830년 필라델피아 집회에서는 흑인 최초의 정치 결사라고 할 수 있는 미국 자유흑인협회가 결성되면서 노예제 폐지 운동 발전에 크게 이바지했다.

자유 흑인들은 집회 운동을 통해 아프리카 송환에 반대했을 뿐 아니라 흑인 노예제 자체를 반대하고 때로는 도망 노예를 돕는 활동과 함께 흑인의 시민적 권리 이를테면, 선거권이나 교육 및 직장에서의 평등한 권리를 요구했다. 피부색은 달라도 자신들 역시 미국인이라는 사실을 주장한 것이다.

프레더릭 더글러스

이런 운동은 자연히 흑인 해방 운동의 뛰어난 흑인 지도자를 여럿 탄생시켰다. 그중에서도 프레더릭 더글러스Frederick Douglass는 단연 두각을 나타냈다.

노예제도로 고통받은 사람들에게
말할 수 있다.
나 역시 같은 고통을 받았다고.
자유와 동포애와 공민권을 위해 싸운 사람들에게
말할 수 있다.

나 역시 그것을 위해 싸웠다.

이런 말을 남긴 프레더릭 더글러스. 미국뿐 아니라 전 세계적으로 이름을 알린 프레더릭 오거스터스 워싱턴 베일리Frederick Augustus Washington Bailey는 1818년 2월의 어느 날, 메릴랜드주 탤벗 카운티의 터커호에서 태어났다. 그의 어머니 해리엇 베일리는 흑인 노예였으며 아버지 애런 앤서니는 어머니 해리엇의 소유자이기도 했다. 20세가 된 1838년 9월 북부로 도망치기까지 그는 몇 명의 주인 밑에서 노예로 일했다.

그가 다른 노예와 달랐던 점은 볼티모어의 휴 올드라는 주인 밑에서 일하던 8세 무렵 주인 소피아 올드에게 읽고 쓰는 것을 배웠다는 것이다. 또 '노예야말로 배우지 않으면 안 된다'라고 결심한 그는 이 무렵 이미 '왜 어떤 사람들은 주인인데 다른 사람들은 노예가 되어야 하는가? 노예란 대체 무엇인가?'라는 의문에 사로잡혀 노예제 폐지론자라고 불리던 사람들에게 큰 기대와 관심이 있었다는 점이다.

그가 자신의 이름을 프레더릭 더글러스로 개명한 것은 북부로 도망치는 데 성공한 그가 조금 늦게 그를 뒤따라

온 자유 흑인 애나 머리와 뉴욕에서 결혼한 수일 후 함께 무사히 뉴베드퍼드에 도착했을 때였다. 두 사람은 이곳에서 나단 존슨이라는 자유 흑인의 따뜻한 대접을 받았다. 더글러스라는 이름을 제안한 것도 그였다.*

뉴베드퍼드에 도착한 지 얼마 지나지 않아 처음 개리슨의 《해방자》를 읽은 더글러스는 이내 열렬한 정기 구독자가 되었다. 훗날 그는 당시의 감격을 '내 영혼이 불타오르는 듯했다. 이 신문은 내 피가 되고 살이 되었다. 노예제도의 속박 아래 신음하는 동포에 대한 진심 어린 배려, 노예 소유자에 대한 가차 없는 비난, 노예제도의 온갖 악행에 대한 충실한 폭로, 노예제도를 옹호하는 자에 대한 강렬한 공격 이 모든 것들이 내 영혼을 환희로 전율케 했다'라고 이야기했다. 흑인이 중심이 된 집회에 더글러스가 모습을 나타낸 것도 이 무렵부터였다.

1839년 3월 29일자 《해방자》에 처음으로 그의 이름이 실렸다. 흑인을 아프리카로 송환하는 정책에 반대하는 집회에서 그가 한 연설에 관한 기사였다. 개리슨은 '우리

---

* 더글러스라는 이름은 나단 존슨이 읽은 월터 스콧의 소설 『호수의 여인The Lady of the Lake』(1810)에 등장하는 용감한 인물의 이름에서 따왔다고 전해진다. 다만, 이 소설의 등장인물 더글러스의 철자는 Douglas였지만 프레더릭 더글러스는 끝에 s가 두 개인 Douglass를 썼다.

가 지지하고 신뢰할 만한 가치'가 있는 연설이었다고 칭송했다. 이렇게 더글러스는 노예제도 폐지론자로서의 길을 걷게 된다. 1841년 8월 낸터켓에서 자신의 과거 노예 생활을 바탕으로 한 노예제 반대 연설은 그가 노예제 폐지 운동의 중요한 인물 중 한 사람이 되었다는 사실을 보여준다.

1845년 5월 그는 최초의 자서전*을 펴냈다. 그 후, 1847년까지 영국에 머물며 그곳에서 '자유'를 산 이 도망 노예는 정식으로 자유 흑인이 되어 미국에 돌아왔다. 백인을 대상으로 흑인의 사정을 알리는 종래의 방식 대신 흑인의 언어로 같은 흑인을 대상으로 이야기할 필요성을 통감한 더글러스는 1847년 12월 3일 뉴욕주 서부의 로체스터에서 자신이 창간한 주간지 《북극성The North Star》을 발행했다. 1827년 사무엘 E. 코니시Samuel E. Cornish와 존 B. 러스웜John B. Russwurm이 창간한 미국 최초의 흑인 신문 《프리덤스 저널Freedom's Journal》이 발간된 이래 흑인이 직접 만든 신문은 여럿 있었지만, 더글러스의 《북극성》

---

* 그는 자서전을 세 번에 걸쳐 썼다. 각 자서전의 제목과 출판 연도는 다음과 같다.
Narrative of the Life of Frederick Douglass, 1845
My Bondage and My Freedom, 1855
Life and Times of Frederick Douglass, 1881(이 책은 1892년 증보 개정되었다)

은 그 이름 그대로 북극성처럼 밝은 빛으로 오랫동안 노예 해방을 인도하는 역할을 했다.

《북극성》의 발행은 노예제 폐지 운동을 정치 운동과 결합하려 한 그의 견해와 더불어 중산 계급의 급진주의를 신봉하는 개리슨과 웬델 필립스 등의 일부 비정치주의적이고 종파주의적인 백인 노예제 폐지론자들의 반대에 부딪혔다. 이후 더글러스와 개리슨은 노예제 폐지론자로서 다른 길을 걷게 된다. 더글러스는 노예제 폐지 운동을 흑인만의 좁은 의미의 운동으로 국한할 생각이 없었으며 실제로도 그렇게 하지 않았다. 《북극성》의 발행인란에는 '권리는 성별과 무관하며/ 진리는 피부색과 무관하다/ 신은 만인의 아버지이며 우리는 모두 동포이다'라고 쓰여 있었다.

더글러스는 남북전쟁이 발발하자 '이 전쟁은 단지 노예제도 때문에 일어난 전쟁이자 노예제도를 제패하기 위한 전쟁'이라고 지적했으며 링컨 정부가 흑인의 군대 편입을 주저하자 '양손이 필요할 때 한 손만으로 싸워서는 안 된다. 지금은 귀하(링컨)의 검은 손을 묶어두고 흰 손만으로 싸울 때가 아니다'라며 흑인들의 결의를 강하게 호소했다. 전쟁이 끝난 후에도 그의 사회적 활동은 계속되었다. 강연 및 문필 활동으로 바쁜 나날을 보내면서도 수도 워싱턴의 의전관이나 아이티 공화국 영사 등 이 위대한 인물에게는 걸맞지 않은 지위를 맡아 직접 정치에도 관여했다. 더글러스는 1895년 2월 10일 여성 평등권 집회에서 강연을 마치고 집으로 돌아온 지 얼마 안 돼 갑작스러운 심장 발작으로 세상을 떠났다.*

제2차 세계대전 이후 십수 년에 걸쳐 더글러스의 강연, 저작, 편지 등을 엮은 역사학자 필립 S. 포너Philip S. Foner가 이야기했듯 프레더릭 더글러스의 이름은 '제퍼슨이나 링컨의 이름과 나란히 쓰여야 마땅'했다. 하지만 흑인의 가장 뛰어난 대변자였을 뿐 아니라 19세기 미국이 낳은 위대한 흑인 해방 전사였던 더글러스의 이름이 마침내 '망각 속에서 구출된' 것은 전후 고조된 흑인 해방 운동 과정에서 흑인 역사가가 민주적인 백인 역사가와 힘을 모아 오랫동안 매몰되고 왜곡되었던 자신들의 과거 역사를 발굴하고 바로잡기 위해 노력하기 시작한 이후의 일이다. 근대 흑인 해방의 아버지로 20세기의 더글러스라고도 부를 법한 W. E. B. 듀보이스는 '백인 세계에서

---

* 더글러스의 성장 과정과 성인이 된 이후 그의 사상과 행동에 대한 자세한 내용은 졸저 『나는 흑인 노예였다―프레더릭 더글러스의 이야기私は黒人奴隷だった―フレデリック・ダグラスの物語』(이와나미 주니어 신서, 1987)를 참조하기 바란다.

흑인으로 살아간다는 것은 단지 개인적인 굴욕이나 기회의 결여만을 의미하는 것이 아니다. 이런 불리한 조건 아래에서 흑인이 아무리 위대한 일을 이루어도 역사에 기록되지 못할 것이라는 뜻이다. 그것은 흑인의 행위를 정확히 기록할 역사가 없기 때문이다'라고 술회했다.

그런 의미에서 더글러스에 대한 기록에서 볼 수 있는 문제는 결코 더글러스 개인의 문제가 아니며 그에 대한 정확한 평가조차 시도하지 않은 역사가들의 문제도 아니다. 최근에는 상황이 크게 바뀌었지만, 당시의 미국 사회는 흑인에게 백인과 평등한 지위를 부여하는 것을 강하게 거부했기 때문에 위대한 업적을 이룬 더글러스조차 망각 속에 묻어둘 필요가 있었다. 따라서 더글러스를 둘러싼 그러한 문제는 모든 미국 흑인의 문제인 동시에 모든 미국인의 문제 즉, 미국 민주주의 근간에 관련된 문제였던 것이다.

지하 철도와 노예 폭동

노예제 폐지론자들의 활동은 북부 자유주自由州에 한정되고 남부의 노예주奴隷州까지는 미치지 못하는 듯했다. 하지만 노예제 과두 권력의 무자비한 탄압과 필사의 방비책에도 불구하고 그들의 활동과 영향력은 서서히 남부라는 견고한 '무장 노예 수용소' 깊숙이 침투해 노예제도의 기초를 내부에서부터 무너트리기 시작했다.

미국 헌법에 노예제를 용인하는 조항을 써넣는 데 성공한 노예 소유자와 그들의 대변자들은 1793년에는 노예라는 그들의 소중한 자산을 지키기 위한 구체적 조치로서 도망친 노예를 되찾기 위한 도망 노예 단속법을 제정했다. 맹견과 총구의 추적을 피하지 못하고 도망에 실패한 노예는 두 번 다시 도망치지 못하고, 다른 노예들에게 경고의 의미로 심한 채찍질과 낙인 찍기를 당하거나 귀를 잘리기도 했다. 간신히 도망에 성공한 노예의 목에는 상금이 걸리고 죽이든 살리든 붙잡은 사람의 재량에 맡겨졌다. 도망 노예 단속법은 이런 잔혹한 행위를 법으로 승인한 것이었다.

흑인 노예제도가 강화되고 노예에 대한 억압이 심해질수록 노예들의 반항은 우발적인 반항에서 의식적인 것으로, 개별적인 반항에서 조직적으로 바뀌었다. 꾀병을 부리거나 게으름을 피우기도 하고 여성 노예는 아이 낳기를 거부하는 등의 일상적인 저항은 농장을 탈출해 '자유'

를 얻으려는 강한 충동에 의한 것이었다. 그리고 마침내 그들의 탈출을 돕기 위한 비합법 조직이 노예제 폐지론자와 여기에 동조한 퀘이커 교도, 박애주의자, 민주주의자들에 의해 만들어졌다. '지하 철도Underground Railroad'라고 불린 이 비합법 조직은 '기관차'와 '객차' 각각의 '정차역'과 '종착역' 그리고 '차장'과 '역무원'까지 충분히 갖추고 있었다.

지하 철도의 '정차역'은 수송 중인 도망 노예가 하룻밤 묵어갈 수 있는 숙소이고 '종착역'은 노예제도가 금지된 북부나 북부보다 더 안전한 '약속의 땅' 캐나다였다. 도망 노예를 태운 열차는 사람들의 눈에 띄기 쉬운 낮에는 습지대나 산그늘이 우거진 곳에서 잠시 쉬었다가 밤이 되면 북극성에 의지해 북쪽으로 긴 여행을 계속했다. 노예 수송은 숙달된 '차장'이 맡았다. '차장'은 글자 그대로 수송대를 이끄는 '지휘관'이다. 그는 숙소 제공자인 동료 '역무원'들과 비밀리에 연락하고 흑인 특유의 노랫가락으로 열차의 수송 상황을 주고받기도 했다. 노래는 도망 노예들의 가장 실제적인 무기 중 하나였다.

자력으로 탈출에 성공한 자유 흑인 중에서 뛰어난 지휘자들이 다수 등장했다. 노예들로부터 '검은 모세'라고 추앙받던 해리엇 터브먼Harriet Tubman은 지휘관 중의 지휘관, 최고의 '여성 총사령관'으로 알려졌다. 터브먼은 더글러스와 거의 같은 시기에 태어나(정확한 시기는 알 수 없지만, 본인은 자신의 인생에 결정적인 영향을 미친 한 사건이 일어난 해로부터 역산해 자신이 1820년경에 태어났다고 믿었다) 고향도 더글러스의 고향인 메릴랜드주 탤벗 카운티와 춉탱크강을 사이에 두고 남쪽에 자리한 도체스터 카운티였다. 이 두 흑인 노예는 훗날 서로를 격려하고 도움을 주고받으며 개리슨의 도덕적 설득주의를 극복하고 함께 노예제 폐지 운동 역사에 위대한 족적을 남기게 된다.

1849년의 어느 날, 더글러스와 마찬가지로 탈출에 성공한 그녀는 자유주 펜실베이니아 땅을 처음 밟았다. '경계선을 넘었다는 것을 알았을 때, 나는 내가 아직 같은 사람인지 보기 위해 손을 내려다보았다. 모든 것이 아름답게 빛나고 있었다. 나무 사이로 쏟아지는 황금빛 태양 아래에서 나는 마치 천국에 있는 듯했다.' 그녀는 그날의 일을 이렇게 회상했다.

터브먼이 왕성히 활동한 시기는 남북전쟁이 임박한 1850년대였다. 이 10년간 남부의 흑인 노예제도는 한층 강화되었다. 1850년 전보다 더 강화된 도망 노예 단속법이 제정되면서 그전까지는 비교적 안전했던 북부의 자유주도 위험 지역이 되었다. 흑인 노예들은 안주의 땅을 찾아 더 먼 캐나다까지 도망쳤다. 동시에 지휘관들도 전보다 더 많은 위험과 곤란에 직면했다. 이런 위험과 곤란이 오히려 터브먼을 비롯한 지하 철도 조직원들의 결의를 강화하고 결속시켰다.

'여성 총사령관' 터브먼은 1850년 12월 그녀의 자녀 둘과 여동생을 탈출시키는 데 성공한 이후로 남북전쟁에 이르는 약 10년간 20차례 가까이 남부에 잠행해 약 300명의 노예를 탈출시켰다고 한다. 노예 소유자들은 그녀의 목에 현상금 4만 달러를 거는 등 터브먼의 체포에 혈안이 되었다. 지하 철도 조직에는 백인 활동가들도 다수 참가했으며 터브먼 이외에도 윌리엄 스틸William Still, 데이비드 러글스David Ruggles, 저메인 로건Germain W. Loguen 등 여러 명의 용감한 흑인 지휘관들이 있었다. 이와 같은 지하 철도 조직원들의 보호 아래 '무장 노예 수용소'에서 탈출한 도망 노예의 수는 1830년부터 남북전쟁에 이르는 30년간 약 6만 명에 달했다.

도망은 흑인 노예들에게 가장 주요한 저항 형태였지만 간혹 더 과감하고 적극적인 무력 저항 즉, 폭동이라는 형태로 저항하는 이들도 있었다. 노예 폭동은 이 무렵 갑자기 나타난 것이 아니라 노예제도라는 야만적인 제도가 존재하는 한 언제, 어디서든 터져 나올 수밖에 없는 저항 방식이자 사실상 조건이 갖춰지면 늘 일어나는 일이었다. 미국 경우도 마찬가지였다. 식민지 시대의 노예 폭동에 대해서는 앞에서 간단히 다룬 바 있다.

1829년 매우 자극적인 팸플릿 한 장이 등장했다. 이 팸플릿을 쓴 사람은 보스턴에 사는 자유 흑인 데이비드 워커David T. Walker였다. 거기에는 다음과 같은 강렬한 문구가 쓰여 있었다.

'……반대로 만약 우리(흑인)가 그들(백인 특히 노예 소유자)을 노예로 삼아 잔인한 노예제도로 옭아맨다면 과연 그들은 무엇을 느낄까? ……당신들에게 묻고 싶다. 당신들의 어머니와 아내와 어린아이들의 생명을 빼앗는 폭군의 노예가 될 바에 차라리 죽기를 바라지 않겠는가? ……당신들을 죽이려는 인간을 죽이는 것은 목이 마를 때 한 컵의 물을 마시듯 당연한 일이 아닌가.'

《데이비드 워커의 호소David Walker's Appeal》로 알려진 이 팸플릿은 노예 폭동을 신의 뜻이라고 변호하며 그들의 반항심을 자극하는 동시에 노예 소유자에게 큰 충격을 안긴 선동적인 내용이었다. 여기에 호응하듯《해방자》가 발간된 해와 같은 1831년 8월 버지니아주 사우샘프턴에서 냇 터너Nat Turner가 주도한 대규모 노예 폭동이 일어났다. 1800년의 가브리엘 프로서, 1822년의 덴마크 베시Denmark Vesey 등의 대규모 노예 폭동 계획에 이어 벌어진 터너의 노예 폭동은 규모와 영향력 면에서 미국의 노예 폭동 중 최대 규모였다. 연방군까지 출동한 이 폭동으로 100명 이상의 흑인이 목숨을 잃고 결국에는 노예 16명과 자유 흑인 3명 그리고 폭동 지도자 터너가 처형되면서 막을 내렸지만, 남부 전역의 흑인 노예들의 강렬한 해방 욕구를 자극했을 뿐 아니라 백인 노예제 폐지론자 존 브라운John Brown에게 큰 충격과 자극을 안겼다는 사실만큼은 기억할 필요가 있다.

존 브라운은 1800년 코네티컷주 토링턴에서 태어났다. 그의 부모는 경건한 청교도였다. 터브먼의 전기를 쓴 얼 콘래드Earl Conrad는 '그가 흑인 지도자 프레더릭 더글러스나 해리엇 터브먼에 필적하는 탁월한 백인 노예제 폐지론자였다는 점은 누구도 부정할 수 없다'라고 쓰기도 했다. 부모와 마찬가지로 독실한 청교도였던 브라운은 처음에는 노예제의 잔인함을 증오하면서도 폭력에 의

한 노예제 폐지에는 큰 저항을 느끼고 있었다. 그런 그의 심경에 냇 터너의 폭동은 큰 변화를 가져왔다. 지하 철도 조직에도 관여했던 브라운은 이어지는 캔자스 내전을 통해 무력 투쟁의 필요성을 통감한 것이다.

이 전쟁으로 노예제 반대 투쟁의 강력한 지도자가 된 브라운은 1857년 마침내 노예 폭동 준비에 돌입했다. 그는 일반적인 군사학 외에도 산악 지대에서의 파르티잔 투쟁 특히 아이티의 노예 해방 전쟁의 교훈을 면밀하게 연구했다. 존 브라운의 봉기로 알려진 1859년 10월의 하퍼스 페리 습격은 이렇게 일어났다. 하퍼스 페리는 버지니아주 북서부 경계에 있는 작은 마을로 연방의 무기고가 있는 장소 중 하나였다.

브라운은 자기 아들 셋을 포함한 백인과 흑인 총 22명으로 이루어진 작은 인원으로 이곳을 이틀 동안 점령했다. 그는 자신들의 거사가 노예 폭동의 봉화가 되어 남부 전역의 노예가 일제히 봉기할 것을 기대했다. 그러나 그의 계획은 실패로 끝났다. 브라운과 그의 동료들은 압도적 다수의 군대 앞에 중과부적이었다. 그의 두 아들은 전사하고 브라운 자신도 중상을 입고 붙잡혔다. 결국 그의 봉기는 실패했지만 '나, 존 브라운은 죄 많은 이 땅의 죄업(노예제도)은 유혈을 통해서만 씻어낼 수 있다고 확신한다. 지금까지는 피를 흘리지 않고도 그것이 가능하리라고 생각하며 스스로 위로했지만 잘못된 생각이었다'라며 의연히 교수대에 오른 그의 영웅적 행위는 이내 미국 전역을 뒤흔들었을 뿐 아니라 멀리 해외에서까지 반향을 일으켰다.

북부 각지에서 대중적인 추도 집회가 열리고 소로, 에머슨, 휘티어 등의 저명한 지식인들도 마음 깊이 브라운의 죽음을 애도했다. 프랑스 작가 빅토르 위고가 '노예제도는 사라질 것이다. 남부가 살해한 것은 존 브라운이 아니라 노예제도였다'라고 예언한 것처럼 그 후 1년여가 흐른 뒤 북부의 농민과 노동자들은 '존 브라운의 유해는 땅속에 묻혔지만, 그의 영혼은 계속해서 진군할 것'이라고 노래하며 노예제 타도를 위한 대규모 투쟁에 나섰다.

노예제 폐지 운동의 역사적 의의

노예제 폐지 운동은 앞서 살펴본 지하 철도 조직의 도망 노예 지원이나 노예 폭동에 관련해서만 의미가 있는 것은 아니다. 본질적으로는 중산 계급적 급진주의에 입각했다고는 하지만 흑인, 농민, 여성, 노동자 및 진보 지식인들이 뜻을 모은 민주주의 운동의 중핵이었다. 내부적인 입장 차이나 견해의 다양성에도 불구하고 이 운동은 한층 광범위한 노예제 반대 세력을 결집시켰다는 점에서 역사적 의의가 크다.

이런 사실은 현실 정치에서는 기존 정당의 재편성을 위한 사전 작업인 동시에 노예제 반대 정당을 탄생시키는 형태로 나타났다. 사실 1840년 미국 노예제 반대협회의 분열로 노예제 폐지 운동을 정치 운동과 결합하려던 세력은 개리슨의 비정치주의, 비타협주의(개리슨은 타협이 따르는 정치적 방법론에 반대했다), 도덕적 설득주의와 결별해 제임스 G. 버니James G. Birney를 중심으로 자유당을 결성하고 그해 대통령 선거에 버니를 입후보시켰을 정도였다. 1843년 버펄로에서 열린 흑인 집회는 자유당을 지지했으며 더글러스를 비롯한 다수의 흑인 노예제 폐지론자들이 자유당에 입당했다. 자유당은 1844년에도 버니를 대통령 선거에 출마시켰으며 당시의 강령으로 수도 워싱턴의 노예제 폐지와 준주準州에 대한 노예제 확장 반대를 강하게 요구하고 노예제도가 자연권에 반한다는 것을 표명했다.

한편, 텍사스 탈취와 멕시코 전쟁에 반대하는 투쟁이 한창이던 1846년 멕시코로부터 획득한 영토에 노예제 도입 금지를 요구하는 이른바 '월모트 건의안Wilmot Proviso'이 발의되었다. '월모트 건의안'은 기존 정당 내부에 큰 충격을 안겼다. 휘그당에서는 '양심적 휘그당Conscience Whigs'과 '면화 휘그당Cotton Whigs'으로 분열했으며 민주당에서도 가령 뉴욕의 조직에서는 노예제에 반대하는 '과격파Barn burners'*와 노예제를 적극적으로 옹호하는 '보수파Hunkers'**가 대립했으며 그 밖에도 각지에서 노예제에 반대하는 민주당원('자유 토지 민주당원'이라고 불리었다)들이 나타났다. 1848년이 되면 이들 '양심적 휘그당'과 민주당 '과격파'와 '자유 토지 민주당원' 그리고 자유당의 노예제 폐지론자들이 모여 자유 토지당Free Soil Party을 결성했다. 자유 토지당의 강령은 '자유로운 토지, 자유로운 언론, 자유로운 노동, 자유로운 인간!'이었다.

이렇게 1850년의 도망 노예 단속법과 1854년의 캔자스·네브래스카 법에 반대하는 투쟁 과정에서 더 큰 규모

---

* 과격파Barn burners—쥐를 쫓으려고 헛간에 불을 질렀다는 이야기에서 유래한 말로, 민주당 내 노예제 지지파가 반대파를 조직의 파괴자라고 비난해 이렇게 불렀다.
** 보수파Hunkers—어원은 분명치 않지만 관직을 hunger 또는 hanker 즉, 갈망한다는 의미.

의 노예제 반대 정당인 공화당이 탄생(오늘날 공화당의 기원)
했다. 1854년 위스콘신주 리폰에서 신당 결성을 향한 강
력한 첫걸음을 내딛고 곧이어 미시간주 잭슨의 떡갈나
무 아래에서 열린 당 대회에서 공화당이라는 정당명이
채택되었다. 1856년 대통령 선거에 존 C. 프리몬트John
C. Frémont가 입후보해 비록 선거에는 패했지만 많은 표를
획득했다. 당시의 주된 요구는 '1피트의 새로운 영토도
노예제에 내줄 수 없다. 국외에서의 해적 같은 정책을 중
단하라. 노예무역의 재개를 비난한다. 자영 농지법을 제
정하라!'였다.

남북전쟁 종식 직후 링컨 대통령을 환영하는 리치먼드의 흑인들

5. 남북전쟁

드레드 스콧 판결

미합중국의 중간 선거는 다음 대통령 선거 판세를 가늠해볼 수 있다는 의미에서 늘 큰 관심을 모았다. 하지만 1858년의 중간 선거는 그런 일반적인 의미를 훨씬 뛰어넘는 결정적인 역사적 의의를 지니고 있었다.

결성된 지 4년밖에 되지 않은 젊은 공화당이 당당히 민주당에 도전해 하원을 장악하고 대 정당으로서 굳건한 기반을 다지게 된 것뿐만이 아니다. 당시 선거전을 통해 노예제 문제가 미국의 운명이 걸린 '제일 문제'라는 것을 안팎으로 널리 알린 것이다.

일리노이주에서는 민주당의 거물 스티븐 더글러스 Stephen Arnold Douglas와 당시 49세였던 에이브러햄 링컨 (1809년~1865년)이 공화당에서 처음 상원의원에 입후보했다. 이 선거전에서 링컨과 더글러스 사이에 오간 여러 정치 토론—특히 8월, 9월, 10월 3개월에 걸쳐 일리노이주 7개 도시에서 이루어진 입회 연설회에서의 두 사람의 논쟁—은 일리노이주 밖에서도 큰 관심을 불러일으키며 후에 링컨·더글러스 논쟁으로 널리 알려졌다. 노예제 문제로 비롯된 위기에 직면해있던 미합중국이 이 문제를 어떻게 풀어나가야 할 것인지에 관한 국가의 기본 원리를 둘러싼 논쟁이었다. 이 논쟁을 지렛대 삼아 승패를 다투었던 당시 중간 선거의 역사적 의의를 이해하려면 아무래도 이 논쟁과 관련이 있는 미국사 지식을 어느 정도 알아둘 필요가 있다. 먼저 '드레드 스콧 판결(드레드 스콧 대 샌드포드 사건)'로 유명한 1857년 미국 연방 최고재판소의 판결에 대해 살펴보자.

드레드 스콧Dred Scott은 한 흑인의 이름이다. 그는 1795년경 버지니아주에서 태어난 샘이라고 불린 노예였다. 그의 첫 주인이었던 피터 블로우는 1819년 가족과 노예를 데리고 앨라배마주로 이주한 후 1827년 다시 미주리주 세인트루이스로 이주해 정착한 후 1831년 그곳에서 세상을 떠났다. 그 후, 샘은 의사인 존 에머슨에게 팔려 이름도 드레드 스콧으로 개명했다. 1833년 군의관이 된 에머슨은 일리노이주 록 아일랜드에 있는 암스트롱 요새에서 복무하다 위스콘신 준주의 스넬링 요새(현재는 미네소타주)로 전근 명령을 받았다. 그렇게 스콧은 수년간 새로운 주인과 함께 노예제도가 없는 자유 지역(일리노이주는 본래 자유주였으며, 위스콘신 준주는 1820년 미주리 협정에 따라 노예제가 금지되었다)에 살면서 결혼도 해 가정을 꾸렸다.

1843년 말경 에머슨이 세상을 떠나자 스콧과 그의 가족은 다른 재산과 함께 에머슨의 미망인과 그의 자녀들을 위한 신탁 재산이 되었다. 스콧은 다시 미주리주로 돌아와 노예로 살고 있었지만 어떻게든 자유를 얻고 싶었다. 스콧은 1846년 미주리주 세인트루이스의 순회 재판소에 그가 과거 노예제도가 없는 자유 지역에 살았다는 사실에 근거해 자신의 자유를 주장하며 에머슨의 미망인을 상대로 자유인으로서의 신분 확인을 위한 소송을 제기했다. 스콧은 재판에 승소했지만, 상소로 인해 사건은 주 최고재판소로 넘어갔다. 그 결과, 스콧은 패소 판결을 받는다. 이 판결 이후 에머슨의 미망인이 매사추세츠주로 이주해 재혼하면서 스콧에 대한 법적 소유권은 그녀의 동생 샌드포드에게 넘어갔다. 스콧은 이번에는 샌드포드를 미주리주 연방 순회 재판소에 제소했지만, 또다시 패소하고 말았다. 1854년 스콧의 상고로 사건은 결국 합중국 최고재판소로 넘어갔다. 1857년 로저 토니Roger B. Taney 판사는 스콧의 패소를 결정짓는 최종 판결을 내렸다.

이 사건이 단지 스콧과 샌드포드 사이의 개인적 분쟁이었다면 여기서 굳이 다루어야 할 이유는 없다. 이 사건이 '드레드 스콧 판결'이란 역사적 대사건 중 하나로 널리 알려진 것은 이것이 한 사람의 노예와 한 사람의 노예 소유자 사이의 개인적인 다툼이 아니라 그 배후에 있는 모든 노예와 모든 노예 소유자 사이의 다툼이자 모든 노예제 반대 세력과 모든 노예제 옹호 세력 사이의 사회적 대립—후자에 대한 전자의 광범위한 민주주의 투쟁을 집중적으로 반영하고 있기 때문이다. 스콧이라는 한 사람의 노예가 수년에 걸친 법정 투쟁을 할 수 있었던 사실 하나만 보더라도 그가 아무리 자유를 열망하고 끈질기게 싸웠대도 한 개인의 힘만으로는 불가능한 일이라는 것을 알 수 있다. 실제 그의 법정 투쟁을 지지한 사람들 중에는 미주리주의 노예제 반대파 토머스 벤턴Thomas Hart Benton과 최초의 공화당 전국대회에서 의장을 맡았던 프랜시스 프레스턴 블레어Francis Preston Blair 두 아들 등이 있었다. 최고재판소 판결 자체가 그런 사회상을 분명히 말해주고 있다.

이 사건에는 법률상 전문적인 사항이 다수 존재했다. 그렇기에 그중 어떤 것을 근거로 들어도 최고재판소가 스콧에게 불리한 판결을 내리고자 한다면 그것은 쉽게 가능했을 것이다. 그런데 최고재판소는 그렇게 하는 대신 노예제도에 관한 한층 광범위한 문제에 대한 판결을 내리고 말았다. 로저 토니 판사가 벤저민 커티스Benjamin

R. Curtis, 존 매클레인John McLean 판사의 반대론을 누르고 판사 7명의 다수결 의견으로 내린 1857년 3월 6일의 판결은 스콧의 제소를 대략 다음의 세 가지 이유로 각하해야 한다고 주장했다.

첫째, 흑인 노예 및 그 자손은 소유자의 재산으로 합중국의 시민이 아니다. 열등한 인종인 그들은 백인과 동등한 권리를 가질 수 없다. 따라서 흑인인 스콧에게는 연방 재판소에 제소할 권리가 없다. 둘째, 스콧은 미주리주의 시민이 아니다. 따라서 이 사건은 다른 주 시민 사이의 소송이 아니므로 연방 재판소는 이 사건에 대한 관할권이 없다. 스콧이 일시적으로 자유 주인 일리노이주에 살았대도 다시 미주리주로 돌아온 이상 그는 미주리주의 법률을 따라야 하며 일리노이주의 법률에 따라 자유를 요구할 수 없다. 미주리주의 법률에 따르면, 그는 노예 이외의 아무것도 아니다. 셋째, 스콧이 북위 36도 30분 이북의 자유 지역에 살았다는 사실이 그의 자유 신분을 보장하는 것은 아니다. 연방 의회는 미합중국 준주에 노예제를 금지할 권한이 없기 때문이다. 따라서 1820년의 미주리 협정은 헌법 위반이며 노예 재산은 미국 어느 지역에서나 보호되어야 한다.

노예제 반대 세력에게 이것은 지극히 도발적인 판결이었다. 특히 판결의 마지막 부분은 스콧과 샌드포드 사이의 계쟁의 틀을 크게 벗어난 그야말로 노예제 과두 권력이 당시 가장 바라던 바를 표명한 것과 다름없다. 또한 이 판결이 국가 권력의 비호와 정치적 의도를 바탕으로 내려졌다는 사실은 민주당의 제임스 뷰캐넌 대통령이 3월 4일 대통령 취임 연설에서 '그 판결에 대해, 나는 모든 선량한 시민과 함께 그 내용 여하와 관계없이 기쁘게 따를 것이다'라는 점을 미리 강조하고 그로부터 불과 이틀 후 재판장을 비롯한 과반수가 남부 출신으로 구성된 최고재판소가 내린 판결이었다는 사실에 단적으로 드러난다.

분열된 집안은 망한다

'드레드 스콧 판결'은 노예제 반대 세력에 대한 노예제 과두 권력의 이른바 최후통첩과도 같은 도전장이며 그들의 승리로 돌아간 듯 보였지만 역사를 주의 깊게 바라보는 사람의 눈에는 그것이 노예제 과두 권력의 패배로 직결된다는 사실을 알 수 있었다.

그것은 '타협의 정치가'로 유명한 헨리 클레이Henry Clay

가 남북 대립의 타협안으로 제시한 1850년의 대타협 이래 노예제 문제를 둘러싸고 급속히 표면화되고 있던 미국의 위기가 초래한 산물로 이를테면, 1852년 스토 부인의 『톰 아저씨의 오두막』 출판, 1854년 캔자스·네브래스카 법, 그로 인한 캔자스 전쟁과 공화당의 성립, 1856년 브룩스의 섬너 구타 사건 등으로 이어지는 일련의 사건 중 하나였다.

이런 상황은 1850년대가 되면서 한층 심각해졌는데 사실 위기 자체는 이 시기에 갑자기 출현한 것이 아니었다. 앞서 살펴보았듯 독립을 달성한 이후의 미합중국은 독립 혁명의 역사적 한계 특히 이 혁명이 식민지 시대의 흑인 노예제도를 폐기하지 못했다는 점과 그 후 직면한 나라 안팎의 정세가 뒤얽힌 상황에서 19세기를 맞았으며 남부에서는 '면화 왕국'이 형성되고 정치적 실권도 '면화 귀족'과 그 대변자들의 손으로 넘어갔다.

한편, 북부에서는 독립 혁명의 결과 특히 뉴잉글랜드 지방을 중심으로 다양한 공업이 발달하고 면직 공업을 축으로 하는 산업 혁명의 진전과 함께 자유로운 노동을 기초로 한 근대 사회＝자본주의 사회가 급속히 발전했다. 서부 역시 자유로운 노동을 바탕으로 한 농민 사회가 형성되었다. 서부 지역은 본래 미시시피강이 있었기 때문에 경제적으로는 북부보다 남부와 관련이 깊었지만, 운하와 철도의 발달로 1850년대에는 북부와의 유대가 더 강화되었다.

이처럼 19세기 전반의 미합중국은 각 주마다 개별적인 주 헌법을 가지고 있으면서도 합중국 헌법을 바탕으로 조직된 하나의 국가라는 테두리 안에서 서로 이질적일 뿐 아니라 적대 관계였던 남과 북의 두 경제 제도 즉, 전근대적인 플랜테이션 노예제도와 근대적 자본주의제도를 바탕으로 한 각각의 사회가 탄생해 발전한 것이다. 이것이 미국의 위기를 양성한 모태였다.

이런 위기는 자연히 남북 간의 '지역' 항쟁이라는 형태로 드러났다. 또 여기에 나타난 현저한 특색은 주로 북부에 대한 남부의 주도권 주장으로 촉발되고 북부의 양보로 일단 타협에 이르렀다는 점이다. 이런 식으로 되풀이된 과정에 대해 마르크스는 '노예 소유자 권력이 북부의 민주당과 손을 잡고 연방을 악용해온 것은 금세기(19세기) 초 이후 합중국 역사의 일반 공식이다. 잇따라 성립된 타협적 조치는 연방을 노예 소유자들의 노예로 만드는 거듭된 침식 작용의 정도를 보여주는 것이었다'라고 썼다.

1820년의 미주리 협정*은 그런 특색이 처음으로 공공연히 드러난 것이었다.

그렇지만 미주리 협정 단계에서는 어쨌거나 노예제 영토의 확대에 대해 일정한 지리적 경계선이 설정되어있었다. 그러나 그 후 급속히 발전한 남부의 플랜테이션 노예제도와 그것을 기반으로 세워진 '면화 왕국'에 이런 지리적 제한은 존립을 저해하는 속박일 뿐이었다.

그리하여 1854년 제정된 캔자스·네브래스카 법은 새롭게 연방에 가입하는 주에서의 노예제 인정 여부는 그 준주의 주민들 의사에 맡긴다는 '주민 주권Popular Sovereignty'의 원리(북부 민주당의 스티븐 더글러스에 의해 추진되었다)를 도입해 사실상 미주리 협정을 파기했는데 이어지는 최고재판소의 '드레드 스콧 판결'은 여기에 재차 타격을 가하듯 미주리 협정을 위헌이라고 선언했을 뿐 아니라 한 걸음 더 나아가 더글러스의 '주민 주권'의 원리까지

---

* 1820년 당시 미합중국은 각각 11개의 자유주와 노예주로 이루어진 22개 주로 구성되어있었다. 이때 미주리가 주로서 연방에 가입하는 문제가 발생한다. 미주리가 자유주가 되든 노예주가 되든 그것은 남북 간의 균형을 깨뜨리는 일이었다. 남부는 노예주로서의 연방 가입을 강하게 주장했다. 결국 북부는 남부의 주장을 받아들여 미주리를 노예주로 인정하는 대신 매사추세츠주에서 메인을 분리해 자유주로 편입시키는 것으로 남부와 타협했다. 이후 또다시 이런 분쟁이 일어날 것에 대비해 북위 36도 30분 지점에 경계선을 설정하고 이 경계선 이북에서는 노예제를 금지하고 이남에서는 노예제를 인정한다는 결정을 내렸다. 이것이 이른바 '미주리 협정'이다.

부정한 것이었다.

앞서 살펴본 링컨·더글러스 논쟁의 주요 쟁점 중 하나는 링컨이 이 '주민 주권'의 원리와 '드레드 스콧 판결'과의 관계에 관한 더글러스의 입장을 날카롭게 추궁한 것이다. 결국 더글러스는 실질적으로는 '드레드 스콧 판결'보다 '주민 주권'의 원리를 우선한다는 자기 입장을 분명히 밝혔다. 링컨의 추궁은 민주당의 내부 분열을 이용해 1858년 중간 선거에서 상원의원이 되지 못한 링컨을 1860년 선거에서 대통령으로 당선시키기 위한 사전 작업이었던 셈이다.

당시 남부의 '침식 작용'은 획기적인 전기를 맞았다. 이런 정세가 북부를 더는 '인내'하기 힘든 한계로 치닫게 했기 때문이다. 급격히 치솟은 북부의 반노예제 감정은 1858년의 중간 선거를 앞둔 온건한 링컨이 '한 나라가 둘로 나뉘어 대립하면 그 나라는 무너질 것이다. 한 집안이 둘로 나뉘어 싸우면 그 집안은 망한다'라는 성서의 문구를 인용해 미합중국이라는 통일 연방은 '절반은 노예, 절반은 자유인 상태로 존속할 수 없다'라고 단언하며 이런 분열을 막기 위해 노예제도가 더는 확대되지 않도록 그리고 마침내 완전히 없앨 수 있도록 여론을 강하게 호소하게 했다. 이 링컨의 연설은 당시 선거에서 그가 공화당의 상원의원 후보로 선출된 6월 16일 스프링필드의 당대회 석상에서 이루어진 것이었다. 같은 공화당 출신으로 링컨보다 조금 더 급진적인 성향을 지닌 윌리엄 H. 수어드William Henry Seward 역시 수개월 후인 10월 25일 '억누를 수 없는 갈등An Irrepressible Conflict'이라는 말로 다음과 같이 표현했다. '그것은 서로 대치하며 인내해온 두 세력 간의 더는 억누를 수 없는 갈등이다. 그것은 미합중국 전체가 노예 소유 국가가 될지 아니면 완전한 자유노동 국가가 될지를 의미한다.' 그런 의미에서 남북전쟁은 불가피한 선택이었다.

남부의 분리와 내전 발발

노예제 과두 권력은 연방 정부가 자신들의 통제 아래에서 그들의 세력 유지와 확대에 도움이 되는 한 그 존재 가치를 인정했다. 하지만 1858년 중간 선거에서의 공화당의 진출과 이 선거에서 드러난 북부 민주당의 동요로 인해 통일 연방이 더는 남부에 가치가 없다고 판단되자 그들은 결국 스스로 칼을 뽑을 각오를 굳혔다.

1860년의 대통령 선거에서 북부 민주당이 더글러스에 투표한 것에 관해 남부 민주당이 브레킨리지John Cabell Breckinridge에 표를 몰아준 것은 그런 이유에서였다. 링컨 대통령의 등장은 이런 민주당 내부의 분열이 가져온 결과였다. 그렇지만 애초에 민주당의 내부 분열을 초래한 사회적 역량이 다름 아닌 공화당을 키우고 강고한 힘을 실어준 전국 노예제 반대 세력이었다는 점도 기억해야 한다.

그리하여 1860년 11월 6일 링컨이 대통령으로 선출되었다. 당시는 대통령이 11월에 선출되어도 이듬해 3월까지는 취임할 수 없었기 때문에(1933년 헌법 수정 제20조에 의해 현재는 1월에 취임한다) 수개월 간 정부의 관직은 여전히 뷰캐넌 대통령과 내부 분열 중인 민주당이 차지하고 있었다. 남부의 노예제 과두 권력이 북부에 대한 공공연한 적대 행동을 개시한 것은 바로 이때였다. 그것은 남부 여러 주의 연방 탈퇴라는 형태로 나타났다.

최초로 행동을 개시한 것은 사우스캐롤라이나주였다. 사우스캐롤라이나는 대통령 선거가 치러지기 전인 10월 이미 다른 남부의 주들과 은밀히 연락을 취해 민주당이 선거에서 패배할 경우, 연방 탈퇴와 대응 방침에 대해 논의했다. 당시의 논의를 통해 확신을 얻은 사우스캐롤라이나주는 해를 넘기기도 전에 일찌감치 연방 분리를 선언했다. 이듬해 2월 1일까지 미시시피, 플로리다, 앨라배마, 조지아, 루이지애나, 텍사스의 6개 주가 그 뒤를 이었다. 2월 4일에는 텍사스를 제외한 이들 주의 대표가 앨라배마주 몽고메리에 모여 6일간의 논의 끝에 '남부 연합'을 조직하고 대통령 제퍼슨 데이비스Jefferson Davis, 알렉산더 H. 스티븐슨Alexander Hamilton Stephens을 부통령으로 선출하고 노예제도를 인정하는 헌법을 채택했다(남부 연합의 수도는 그해 6월 몽고메리에서 버지니아주 리치먼드로 바뀌었다). 그뿐만이 아니었다. 남부에서 이런 적대 행동이 진행되고 있을 때도 미합중국의 수장인 뷰캐넌 대통령은 그것을 막을 어떤 대책도 강구하지 않았을 뿐 아니라 연방을 탈퇴한 남부 여러 주의 정부가 미 연방의 병기고, 세관, 우체국 등을 접수하는 것까지 묵인했다. 마침내 3월 4일 링컨이 미합중국 대통령으로 취임했을 때 남부에서는 찰스턴 항구의 섬터 요새와 펜서콜라만의 피켄즈 요새, 키웨스트 요새만이 합중국 정부의 손에 남겨져 있을 뿐이었다.

4월 12일 새벽, 남군에 의한 섬터 요새 포격이 내전의 발화점이 되었다는 사실은 널리 알려져 있다. 그 후 버지니아, 노스캐롤라이나, 아칸소, 테네시의 4개 주가 남부 연합에 참여하면서 남부 11개 주와 북부의 23개 주 사이의 4년에 걸친 남북전쟁이 막을 올리게 된다.

노예 해방 선언

당시 남북전쟁의 본질이 노예 해방 전쟁이자 약 1세기 전 독립 혁명이 해결하지 못한 역사적 과제를 늦게나마 청산해야 할 제2차 혁명전쟁이라고 단언할 수 있는 사람은 그리 많지 않았다.

1861년 3월 4일, 링컨 대통령 취임 연설은 사태에 대처하는 공화당 정부 입장을 전 세계에 표명하는 의미로 미국 안팎의 관심과 기대를 모았다. 하지만 거기에는 어떠한 '혁명'도 찾아볼 수 없었다. 링컨은 이 연설에서 '현재 노예제도가 존재하는 주의 노예제도에는 직접적으로든 간접적으로든 간섭할 의도가 없다'라는 것을 거듭 강조하고 자신이 이루어야 할 과제에 대해 '헌법이 내게 부여한 소임대로 통일 연방의 법률이 모든 주에서 충실히 실행되도록 최선을 다해 노력하겠다'라며 법률론적 견지에서 약속했다. 또한 '유혈이나 폭력은 필요 없다'라는 말과 함께 '도망 노예가 국가의 권위에 의해 인도되던 주의 권위에 의해 인도되던 헌법은 명확히 밝히고 있지 않다'라며 노예 재산의 옹호론까지 전개했다. 이런 발언에는 남부 경계 주의 동향에 대한 정치적 배려가 포함되어있지만 그런데도 이 전쟁에서 링컨의 제일 목적이 노예 해방이 아닌 연방의 통일 수호라는 사실이 드러난다.

이런 링컨의 입장은 노예 해방을 선포하게 된 상황에서도 여전히 바뀌지 않았다. 1862년 8월 22일, 링컨은 《뉴욕 트리뷴》의 주간이자 열렬한 노예제 반대론자인 공화당원 호레이스 그릴리Horace Greeley가 보낸 공개서한에 이렇게 답변했다. '이 투쟁에서 나의 가장 중요한 목표는 연방을 구하는 것이지 노예제도의 유지나 폐지가 아니다. 만약 노예를 해방시키지 않고도 연방을 구할 수 있다면 그렇게 할 것이며 모든 노예를 해방시켜야 연방을 구할 수 있다면 그렇게 할 것이다. 또한 일부 노예만 해방시키고 나머지는 내버려 두어야 연방을 구할 수 있다면 그렇게 할 것이다.'

하지만 흑인들은 그렇게 생각하지 않았다. 노예제도의 속박에 얽매여 있던 남부의 노예들은 만약 이 전쟁에서 북군이 승리하면 자신들에게도 자유가 찾아올 것이며 반대로 남군이 승리하면 계속해서 노예로 살 수밖에 없으리라는 것을 알았다. 터스키기대학교의 설립자이자 학장을 맡아 산업 교육을 통한 흑인들의 지위 향상에 헌신한 부커 T. 워싱턴Booker T. Washington은 어린 시절 노예였던 그의 '어머니가 머리맡에 무릎을 꿇고 링컨과 북군이 승리해 언젠가 우리가 노예 신분에서 해방되기를 간절히 기도하는 목소리에 눈을 떴다'라고 당시를 회상했다. 이런 노예들의 심정을 대변한 프레더릭 더글러스는 '불에는 물, 어둠에는 빛을 비추어야 하듯 자유를 파괴하는 전쟁에는 노예제도를 파괴하는 전쟁으로 맞서야 한다. 이 전쟁을 끝내려면 전쟁의 근본 원인인 노예제도를 없애는 한 가지 길만 있을 뿐이다. ……국회의사당에서는 지금이야말로 온 전장에 울려 퍼지도록 노예들의 자유를 선언해야 한다. 흑인 노예든 자유 흑인이든 군무에 임하게 하고 흑인 해방군을 조직하자. 그들은 남부로 진군해 노예들 사이에 해방의 깃발을 꽂을 것이다'라며 노예 해방의 포고와 흑인 군대의 편성을 여론을 향해 강하게 호소했다.

과거 노예제 폐지 운동의 지도자들은 새디어스 스티븐스Thaddeus Stevens나 찰스 섬너Charles Sumner 등을 필두로 공화당 급진파를 형성하고 전쟁의 목적을 달성하기 위해 애썼다. 노예제도에 반대하는 많은 농민과 도시의 소시민 그리고 노동자들이 해방 전사가 되어 전장으로 향했다. 하지만 초반의 전황은 북부에 유리하게 흘러가지 않았다. 링컨 정부의 결단력 부족과 군 수뇌부의 부패 그로 인해 발생한 전쟁 준비의 부족이 북군의 잇따른 패배를 초래했다.

개전 초기, 남부 연합의 워커 육군 장관은 당장이라도 워싱턴의 국회의사당에 남군의 깃발을 꽂겠다고 호언장담했다. 1861년 7월, 불 런에서의 북군의 패배로 수도 워싱턴은 함락될 위기에 놓였다. 어느덧 전쟁은 두 번째 해를 맞고 있었다. 그 무렵부터 워싱턴에서는 공화당 급진파들이 노예제 반대 세력의 지지를 배경으로 급속히 국회에 진출하기 시작했다. 전황은 양쪽 모두 일진일퇴를 거듭하고 있었지만, 이때 개시되어 1년 남짓 잇따라 채용된 북부의 적극적인 정책이 이 전쟁을 진정한 혁명전쟁으로 바꿔놓음으로써 최종적으로 북군의 군사적 승리를 가져다주었다.

군 수뇌부 내의 남부파 추방, '코퍼헤드(Copperhead, 북미산 독사의 일종)'라고 불린 전쟁과 병역 의무에 반대하던 동료 자본가들에 대한 억압, 농민과 노동자들이 오랜 시간 투쟁해온 자영농 창출을 위한 홈스테드법, 전년도보다 한층 강화된 반란자 재산 몰수법, 수도 워싱턴의 노예제도 유상 폐지, 그로 인한 노예 해방 예비 선언과 이어지는 노예 해방령, 징병법과 인신보호령의 정지 등등……. 이런 일련의 적극적인 정책 중에서도 1863년 1월 1일의 노예 해방령 공포는 특히 의미가 중요하다.

노예 해방 공포 일정이 다가오고 있을 때도 링컨은 가능하면 노예는 점진적으로 해방하고 소유자에게는 보상금을 지불하며 해방된 흑인은 아프리카 등으로 이주시키는 방식을 생각하고 있었다. 하지만 흑인들의 거센 반대와 국회에서의 공화당 급진파들의 활약으로 링컨은 자기 생각을 접을 수밖에 없었다.

링컨은 앤티텀 전투에서 전세가 호전될 징조가 보이자 그 기회를 이용해 1862년 9월 22일 전쟁 수행에 필요한 '적당하고 필요한 군사적 조치'로서 노예 해방 예비 선언을 공포했다. 반란 상태에 있는 여러 주가 이듬해 1월 1일까지 연방에 복귀하지 않으면 '합중국에 대해 반란 상태에 있는 주 또는 주의 지정 지역 내에 거주하는 모든 노예를 영구히 해방한다'라는 것을 나라 안팎에 표명한 것이다. 거기에는 두 가지 점에서 커다란 불안과 제약이 있었다. 만약 이듬해 1월 1일까지 반란 주가 연방에 복귀하는 것을 인정한다면 이 포고는 어떻게 될까? 또 이 포고는 반란 주에 속하지 않는 노예주 델라웨어, 메릴랜드, 켄터키, 미주리의 경계 주를 비롯해 포고를 통해 지정된 지역 이외의 노예에게는 적용되지 않는다. 이번에도 역시 링컨 정부는 노예의 즉시, 무조건, 전면적 해방을 주저했다는 것이다.

그런데도 흑인들은 1월 1일을 손꼽아 기다렸다. 12월 31일 밤, 보스턴의 트레몬트 사원에는 백악관에서 전해질 소식을 기다리는 3,000명의 사람이 몰려들었다. 프레더릭 더글러스도 인사차 참석했다. 처음 1시간 남짓 마틴 목사와 디킨슨 여사의 강연이 있었다. 강연 중에도 사람들은 불안을 감추지 못했다. 그때 더글러스가 사람들을 격려하기 위해 짧은 강연을 했다. 시곗바늘이 10시를 지나도록 워싱턴에서는 아무 소식도 없었다. 주위에 무거운 공기가 감돌기 시작했다.

그때였다. 한 사람이 돌연 강당 안으로 뛰어 들어와 외쳤다. '왔다! 전보가 왔다!' 여기저기서 박수가 터지고 웅성거림이 들려왔다. 선언문을 읽기 시작하자 사람들은 북받치는 감정을 누르지 못하고 환희의 함성을 올리며 낭독을 방해했다. 더글러스는 나지막이 선창했다. 제군이여, 트럼펫을 불어라! 한 흑인 목사가 찬송가를 부르기 시작했다.

이집트의 어두운 바다 너머
탬버린을 높이 울려라
여호와는 승리했다 그의 백성은 자유다

밤이 깊으면서 트레몬트 사원을 떠나야 할 시각이 되었다. 하지만 사람들은 집으로 돌아갈 마음이 없었다. 집회는 필립스가의 제12침례교회로 장소를 옮겨 이루어지게 되었다. 환희의 집회가 수 시간에 걸쳐 계속되었다. 집회가 끝났을 무렵에는 이미 날이 밝아오고 있었다. 눈부신 아침, 위대한 아침, 1863년 1월 1일의 아침!

이렇게 예비 선언의 최종적인 형태인 노예 해방령으로 400만 명에 이르는 흑인 노예들의 자유를 국내외에 널리 선포한 것이다. 링컨은 자신이 말했던 것처럼 '내가 사태를 지배하는 것이 아니라, 사태가 나를 지배한다'라는 사실에 충실했기 때문에 미국의 가장 위대한 대통령 중 한 사람이 되었다. 하지만 실제 미국의 흑인 노예들이 자유를 쟁취하기 위해서는 그 후로도 2년이나 계속된 참혹한 전쟁을 견뎌내야 했으며 그동안 흑인을 비롯한 민주 세력의 끊임없는 투쟁으로 1865년 헌법 수정 제13조가 제정되기까지 힘든 시간을 보내야만 했다.

전쟁과 흑인

노예 해방령이 북부에 가장 강력한 정치적 무기가 된 것처럼 이 전쟁에서 흑인들이 보여준 활약은 대단했다. 그것은 북부를 승리로 이끈 원동력 중에서도 지극히 중요한 요인이기도 했다.

내전 발발과 동시에 남부의 흑인 노예들 사이에는 노예 폭동의 기운이 고조되고 플랜테이션 농장을 탈출하는 노예의 수도 급증했다. 전쟁 기간 당시 흑인 노예 수의 8분의 1에 이르는 약 50만 명의 노예가 도망쳤다고 한다. 이렇게 그들은 식량 생산을 비롯한 남부의 생산력을 감퇴시키고 그들을 감시하기 위해 군사력의 일부를 동원함으로써 남군의 군사력 삭감을 초래했을 뿐 아니라 노예제 과두 권력 내부에 커다란 정신적 동요를 안겼다. 하지만 흑인의 활약이 가장 두드러진 것은 직접적인 투쟁이 벌어지는 전장에서였다. 그들은 대다수 백인처럼 이 전쟁을 결코 '백인의 전쟁'이라고 생각지 않았다.

노예 해방령 공포 당시 드러난 것과 같은 링컨 정부의 약점이 흑인의 군대 참가에 걸림돌이 되었다. 섬터 요새 함락 직후, 워싱턴에서는 300명이나 되는 자유 흑인이 북군에 지원했다. 하지만 군 수뇌부는 이를 거절했다. 그 후 미시간주의 배틀 크리크와 그 밖의 주에서도 같은 움직임이 나타났지만, 이 역시 인정되지 않았다. 그러던 중, 뉴욕의 흑인들은 북군에 참가해 싸우기 위해 독자적인 군사 조직을 만들어 훈련에 임했지만, 경찰에 의해 금지되었다. 군대 참가를 바라는 흑인들의 열망은 보스턴의 자유 흑인 집회에서 채택된 다음의 호소문에 분명히 드러나 있다. '우리는 이미 준비되어있다. 백인 방위군과 마찬가지로 우리는 우리의 생명과 재산과 성스러운 명예를 걸고 자유를 위해 맞서 싸우는 시민으로서 우리의 정부를 지킬 각오가 되어있다는 것을 동포 여러분을 향해 호소하는 바다. 우리가 군무에 복역할 수 있도록 여러분의 법률을 개정해주기 바란다. 우리 흑인의 가슴속에 타오르는 애국심을 마음껏 발휘할 수 있도록.'

링컨 정부가 흑인의 군대 편입을 주저하는 동안에도 전장에서는 그들의 참가가 필요한 상황이 이어지고 있었다. 자유 흑인 중에는 백인으로 변장해 군에 입대한 사람도 있었다. 버틀러 장군, 셔먼 장군, 프리몬트 장군 그리고 헌터 장군 수하에는 정부의 간섭을 물리치고 군에 입대한 많은 흑인 노예들이 전쟁 수행에 따른 다양한 군무에 복역했다. 1862년 7월, 정부가 반란자 재산 몰수법에 근거해 흑인의 군대 편입을 승인한 것은 이런 흑인들의 적극적인 행동이 큰 힘이 되었기 때문이다.

흑인은 군에 입대한 후에도 백인 병사의 절반 남짓한 급여(백인의 한 달 급여는 13달러, 흑인은 7달러였다. 다만 이런 차별은 후에 철폐되었다)를 받는 등 다양한 차별을 당했다. 그런데도 이 전쟁에는 18만 6,000명에 달하는 흑인 병사가 정식으로 북부 육군에 참가해 남군과 싸웠다. 그중 13만 4,000명이 노예주 출신이었다. 또 3만 명의 흑인이 해군으로 복무했으며 이 밖에도 노무자로서 상시 군 업무에 종사한 흑인의 수는 최소 25만 명에 달했다고 한다. 남군에 붙잡히면 영락없이 목숨을 잃을 운명이었던 흑인 병사들은 백인 병사와 비교도 안 될 만큼 용맹하게 싸웠다. 사우스캐롤라이나주 와그너 요새를 공격한 제54 매사추세츠 흑인 연대에는 프레더릭 더글러스의 두 아들도 포함되어있었다. 또한 흑인은 북군의 첩자나 안내인으로도 활약했다. 그런 임무로는 일찍이 지하 철도 조직의 '여성 총사령관' 해리엇 터브먼이 그야말로 눈부신 활약상을 보여주었다. 흑인 병사는 200여 개의 전투에 참여했으며 전사자도 4만 명에 달했다. 흑인 병사의 사망률은 백인 병사보다 35퍼센트나 높았다.

노예 해방령과 흑인의 군대 편입으로 나타난 링컨 정부의 혁명적 정책은 북군의 군사적 승리를 이끌었다. 1863년 7월 게티즈버그와 빅스버그 전투에서의 북군의 승리가 전기가 되었다. 링컨 대통령이 '인민의, 인민에 의한, 인민을 위한 정부'는 지상에서 사라지지 않을 것이라며 전사자들의 영령을 앞에 두고 맹세한 게티즈버그 연설을 한 것은 그로부터 수개월 후인 11월 19일의 일이다.

이듬해 실시된 대통령 선거는 북부를 전시 최대의 정치적 위기로 몰아넣었지만 링컨이 민주당의 조지 B. 매클렐런George B. McClellan 후보를 누르고 재선에 승리하면서 마침내 북부는 위기를 극복할 수 있었다. 링컨의 재선 성공과 얼마 후 개시된 셔먼 장군의 조지아 진격 작전의 성공으로 북부의 승리는 확실시되었다. 1865년 4월 2일

북군이 남부 연합의 수도 리치먼드를 손에 넣고 일주일
이 지난 4월 9일 애퍼매톡스에서 남군의 리 장군이 북군
의 그랜트 장군에게 항복을 선언하면서 4년에 걸친 내전
이 막을 내렸다.

미국 역사상 최초로 투표에 참가한 재건기의 흑인들

《하퍼스 위클리》 1867년 11월 16일

6. 남부의 재건과
흑인 차별 제도

남부의 재건

북부의 군사적 승리는 미합중국 역사의 위대한 한 페이지를 열었다. 하지만 남북전쟁의 역사적 과제가 모두 해결된 것은 아니었다. 애초에 전쟁이 발발하게 된 직접적인 경위에 비춰보면 남부의 노예제 과두 권력의 선제 공격에 의한 반혁명 전쟁으로 시작되었지만 실은 북부의 산업 자본과 남부의 플랜테이션 노예제도의 모순=대립이 초래한 두 '지역' 간의 항쟁으로 시작된 내전이었으며 전자가 후자를 타도함으로써 종래의 자본제 관계를 폐기하고 통일된 국내 시장을 기반으로 미국 자본주의의 전국 제패를 이루었다는 점에서 경제적 의미가 깊다. 북부의 산업 자본가들은 연방의 통일 수호라는 링컨의 신성한 정치적 표어를 이런 뜻으로 받아들였다.

이 점에 관한 한, 남북전쟁의 역사적 과제는 전쟁의 종식과 함께 대부분 달성되었다. 그런 의미에서 남북전쟁은 일찍이 독립 혁명을 '제1차 미국 혁명'이라고 부르는 것에 대해 '제2차 미국 혁명'이라고도 부르듯 그야말로 미국의 제2의 부르주아 민주주의 혁명이 되었다. 하지만 남북전쟁이 진정한 제2차 미국 혁명으로 불리기 위해서는 계속해서 전진해야만 했다. 대규모 전쟁을 치르며 총

칼로 무너뜨린 것들을 이번에는 법으로 금지하고 남부 전역에 흑인과 가난한 백인을 포함한 민중을 위한 민주주의를 확립했으며 전쟁의 폐허에서 새로운 남부 사회를 일으켜 세워야 했다. 이른바 '재건Reconstruction'의 과제다. 이런 중책을 두 어깨에 짊어지고 구체적인 재건 계획에 착수해야만 했던 그야말로 영광의 절정을 맞은 링컨 대통령은 존 윌크스 부스John Wilkes Booth의 총탄에 쓰러져 56세의 빛나는 생애를 마감했다. 1865년 4월 15일 새벽의 일이었다.

링컨의 갑작스러운 죽음으로 당시 부대통령이었던 앤드루 존슨Andrew Johnson이 대통령직을 맡아 남부 재건의 과제를 계승하게 되었다. 그는 테네시주 농민 출신의 민주당원으로, 남부인이었지만 남부 여러 주의 분리에 반대했으며 노예제도에 관해서는 링컨보다 급진적인 의견을 내기도 했지만, 대통령직을 맡은 후로는 이전과는 일변한 태도를 보여주었다.

전쟁 당시부터 대략적인 정책 방향이 결정되어 일부 정책은 실행에 옮겨지기도 했던 반란주에 대한 링컨의 지극히 온건하고 관대한 연방 복귀 정책은 존슨 대통령에 의해 발전적으로 채용되는 대신 그의 반동적인 재건 정책을 밀어붙이는 무기로 이용되었다. 노예제 폐지론자 웬델 필립스가 과거 남부 연합 대통령이었던 제퍼슨 데이비스의 이름을 따서 붙인 '제퍼슨 데이비스 존슨'이라는 별명으로 불리기도 했던 존슨은 12월에 국회가 열리기까지의 기간을 이른바 '반동의 휴일'로 이용했다. 대통령의 '대사면 선언'이 공포된 5월 29일 이후 남부의 여러 주에서는 잇따라 임시 정부를 조직하기 위한 구체적인 방안이 실행에 옮겨졌다.

당시 흔하게 볼 수 있었던 현상은 구 노예 소유자들에 의한 정권 복귀 움직임—실질적인 노예제 부활 시도였다. 노예제 폐지를 규정한 헌법 수정 제13조는 정치적 방책으로 인정되고 있었지만, 예컨대 주민의 의사를 완전히 무시한 채 실시된 사우스캐롤라이나주의 헌법 제정 회의에서는 존슨 대통령이 임의로 임명한 벤저민 페리 Benjamin Franklin Perry 지사가 개회 연설에서 '이것은 백인만을 위한 백인의 정부다. 최고재판소는 흑인이 미국 시민이 아니라는 결정을 내렸다'라는 발언을 했으며, 플로리다주에서는 과거 노예 소유자였던 한 인물이 '노예 해방령에 의해 자유를 얻었다고 해도 흑인들은 어차피 노예나 다름없다'라는 말을 서슴없이 내뱉는 상황이었다.

그런 상황에 종래의 노예법을 대체할 악명 높은 흑인법이 탄생했다. 이 흑인법은 흑인을 대상으로 한 다수의 제한 조항을 골자로 경제적으로는 흑인을 토지에 옭아맴으로써 강제 노동이나 무임금 노동을 강요하고 정치적으로는 흑인의 민주화 투쟁을 저지하기 위한 방책이었다.

존슨 대통령의 반동 정책에 힘입은 기성 노예 소유자 권력이 남부에서 역사의 수레바퀴를 거꾸로 되돌리기 위해 필사의 노력을 하고 있을 때 이번에는 흑인들 스스로 이를 저지하기 위한 투쟁의 선두에 섰다. 노예 신분에서 해방된 흑인들은 동시에 생계 수단으로부터도 해방되었다. 시민적 자유나 정치적 권리는 여전히 그들의 것이 아니었다. 공화당 급진파와 구노예제 폐지론자들이 중심이 된 북부의 민주 세력이 그들의 투쟁을 전면 지원했다. 1865년 여름부터 가을에 걸쳐 남부 각지에서는 존슨 대통령의 정책에 반대하고 흑인의 자유와 권리를 획득하기 위한 대규모 대중 집회가 광범위하게 전개되었다. 가난한 남부의 백인들도 앞장서서 집회에 참여했다.

예를 들어, 버지니아주 노퍽에 거주하는 흑인들은 4월부터 이미 피부색이나 출생과 관계없이 흑인이나 백인 모두 동등한 선거 자격과 시민적 권리를 부여할 것을 국회에 요구하는 대중 조직을 결성했다. 이 조직이 중심이 되어 5월 11일 흑인 침례교회에서 열린 대중 집회에서는 9개 결의안을 만장일치로 채택하고 '버지니아주가 연방에 복귀하면 흑인 시민의 권리와 이해득실이 다른 어떤 계급의 시민보다 직접적이고 심각한 영향을 받을 것'이기 때문에 '버지니아주의 재건 문제에 관해서는 독자적인 요구를 할 수 있다'라면서 '모든 충성스러운 이들에게는 흑인과 백인의 구별 없이 대등한 정치적, 시민적 권리가 부여되어야 하며' 이런 '시민으로서 우리의 조건과 상태를 반역자들의 손에 맡겨서는 안 된다'라는 것을 강하게 호소했다.

이 대중 집회의 정신은 5월 23일 시 공회당에서 '출신이나 피부색과 관계없는' 2,000명 이상의 대규모 인원이 참가한 집회로 이어졌다. 그 후 6월 5일 캐서린가에 있는 침례교회에서 열린 대중 집회에서 채택된 '버지니아 주 노퍽의 흑인 시민들이 미합중국 국민에 전하는 호소문'은 당시 흑인들의 상황에 대해 다음과 같이 이야기했다.

'미국은 오직 백인만이 소유할 수 있는 나라가 아니다. 흑인도 이 땅에서 일하고 투쟁해왔다. 그런데도 현 상황은 묵시할 수 없을 만큼 심각하다. 최근 리치먼드에서는 과거 분리파였던 시장이 흑인 800명을 감방에 가두었다. 농장주들은 흑인에게 임금을 주지 않으려고 기를 쓴다. 그런 강제 노동에 반항했다는 이유로 흑인들은 채찍질을 당하고 목숨을 잃기도 한다.'

노퍽의 흑인 투쟁은 내슈빌, 찰스턴, 오거스터를 넘어 남부 각지로 전개되었다. 흑인들의 이런 행동은 12월에 열린 국회에서 공화당 급진파들의 의회 활동으로 나타났다.

국회 내에서 지도권을 확보한 그들은 윌리엄 P. 페센든William Pitt Fessenden이 위원장을 맡은 상하 양원 의원 15명으로 구성된 재건 합동 조사위원회를 조직해 존슨 대통령과 대결하면서 자신들의 정책을 강력하게 밀고 나갔다. 1866년 4월 그들은 대통령의 거부를 극복하고 흑인에게도 백인과 동등한 시민적 모든 권리를 보장하는 공민권법을 성립시켰으며 이어지는 6월 국회에서 가결된 헌법 수정 제14조는 공민권법을 헌법으로 보장하는 동시에 이 법의 승인이 분리 주의 연방 복귀를 위한 필수 조건이 되었다. 또한 7월에는 다시 한번 대통령의 거부를 배제하고 이미 전쟁 후반인 1965년 3월에 성립한 이른바 해방민국(Freedmen's Bureaus, 정식 명칭은 '난민, 해방민 및 불모지 대책국The Bureau of Refugees, Freedmen, and Abandoned

Lands')의 기한 연장과 권한 확대를 얻어내는 데 성공했다. 그리고 그해 가을 실시된 중간 선거에서 공화당 급진파가 승리함으로써 이듬해인 1867년 3월 존슨 대통령의 재건안과 정면으로 대립한 매우 급진적인 재건법을 성립했으며 상원의 승인 없이 정부의 중요 인사를 대통령이 함부로 파면하는 것을 금하는 관직 보유법도 제정했다.

이 재건법은 그 후 3차에 걸쳐 보충된 3개의 보충적인 재건법과 함께 남부의 민주적 재건을 위한 구체적인 추진 방안이 되었지만 하나 같이 대통령의 거부를 극복하고 성립한 법안이었다. 그리하여 테네시주를 제외한 구 남부 연합의 여러 주는 연방군의 지배하에 5개의 군 관할 지역으로 나뉘었으며 산업 부르주아의 군사적 독재를 바탕으로 반란을 지도했던 일부 백인을 제외한 흑인을 포함하는 보통 선거를 기반으로 한 민주적인 헌법 제정 회의를 조직했다. 이렇게 수립된 주 정부가 헌법 수정 제14조를 비준하면 연방으로의 복귀가 인정된다. 이런 절차를 거쳐 1870년까지 남부의 여러 주는 모두 연방 복귀를 완료하고 마침내 미합중국은 10년 만에 다시 본래의 통일 연방으로 돌아갔다. 1870년 3월, 흑인에게도 선거권을 부여해야 한다는 것이 헌법에 따라 인정되었으며

(헌법 수정 제15조), 흑인의 공민권 침해에 대한 처벌법이라고 할 수 있는 강제법이 제정되었다.

미국 흑인 역사에 한 획을 긋는 시기였다. 대다수 흑인이 이때 처음 미국에서 선거권을 행사할 수 있었다. 주의원으로 선출된 흑인이 직접 자신들의 상황에 대해 말할 수 있게 된 것도 이때가 처음이었다. 몇몇 주에서는 주 의회의 하원 의원 과반수가 흑인 의원으로 채워졌다. 또 주 정부의 각종 기관에도 많은 흑인이 진출했으며 사우스캐롤라이나주, 루이지애나주, 미시시피주에서는 흑인 부지사가 탄생하기도 했다. 더 나아가 국가 정치에도 직접 관여했는데 1869년부터 1876년에는 흑인 하원 의원 14명과 상원의원 2명이 워싱턴의 국회로 진출했다.

그런 가운데 흑인들은 북부 출신 혹은 남부 내부의 민주 세력(반대파들은 이들 북부인을 가리켜 '카펫 배거Carpet bagger' 토착 남부인은 '스캘러와그Scalawag'라는 멸칭으로 불렀다)의 지지와 격려 속에서 시민적 자유 확대는 물론 여성의 권리 획득, 세제 개혁, 철도 건설, 산업 육성 등 남부의 근대화에 필요한 여러 문제를 해결하는 일에도 뛰어들었다.

그들이 특히 중시한 것은 흑인의 교육 문제로, 공교육 제도를 시행하는 동시에 흑인 대상의 고등 교육기관도 설립했다. 피스크대학교, 하워드대학교, 애틀랜타대학교 등 지금의 저명한 흑인 대학교 대부분이 이때 설립되었다. 그 결과, 흑인의 문맹률이 대폭 감소했다. 그리고 이런 운동을 추진하는 데 선도적 역할을 한 것이 해방민국과 전쟁 당시 공화당 급진파에 의해 결성된 비밀결사 조직 유니언 리그Union League였다. 남부 재건 운동의 개시와 함께 남부 여러 주에 깊이 뿌리내린 이 조직은 전성기에는 회원 수가 50만 명에 달했는데 그 대부분이 흑인이었다.

전환과 좌절

북부의 산업 부르주아의 군사적 독재 치하에서 흑인을 필두로 전개된 남부의 재건 운동은 이상과 같은 정치, 사회적 성과는 거두었지만 한 가지 중대한 약점이 있었다. 그것은 한마디로 말해, 남부의 경제 문제 특히 토지 문제를 혁명적으로 처리하지 못한 것이었다. 흑인들이 아무리 정치적 권리와 시민적 자유를 원했어도 투표용지를 먹고 살 수는 없는 일이었다. '땅 40에이커와 노새 한 마리Forty acres and a mule!' 이것이 흑인들의 또 하나의 절실한 요구였다.

전쟁이 막바지에 접어든 1865년 1월 셔먼 장군은 제15 특별 야전 명령을 발동해 시아일랜드 지방의 벼 재배 농장주가 버린 토지를 흑인들에게 나누어주는 선례를 만들었다. 또 재건기가 되자 스티븐스는 농장주의 대토지를 몰수해 흑인과 가난한 백인들에게 무상으로 나누어주자고 주장했지만, 공화당 급진파의 지배에 있던 연방 의회나 재건 정부도 결국 이를 실행하지 못했다. 거기에는 산업 자본가들의 정당이라는 공화당의 부르주아적 한계가 드러난다. 그뿐만이 아니다. 남부에서 흑인과 가난한 백인의 동맹에 의한 민주적 개혁이 착실히 실현되고 북부에서는 노동 운동의 분위기가 고조되면서 노동자들이 단결해 자신의 권리를 주장하기 시작하자 전쟁으로 인한 활황으로 비약적인 성장을 한 산업 자본가들은 남부 재건 운동의 그 이상의 진전을 우려하게 되었다.

노예제도가 폐지되고 남부가 국내 시장으로 개방되면 철저한 토지 혁명을 수행하기보다는 농장주와 결탁해 남부를 북부 자본의 수탈 대상으로 삼는 편이 상책 아닌가. 이런 산업 자본가들의 의도가 공화당 내부에까지 침투했다. 1870년 무렵까지 전체적인 공화당의 변질은 거의 완료되었다.

여기에 보폭을 맞추듯 과거 노예 소유자들의 강력한 재건 반대 활동이 시작되었다. 공격의 선두에 선 것은 '흰 동백 기사단'이나 '흑십자 기사단'이라고 불린 폭력적인 비밀결사 단체였다. 그중에서도 '쿠 클럭스 클랜(Ku Klux Klan, KKK)'으로 널리 알려진 이들은 1865년 테네시주 펄래스키에서 소수의 남부군 퇴역 장교를 중심으로 흑인을 억압할 목적으로 처음 조직되었다. 그 후, 이 조직은 금세 남부 각지로 퍼져나가 '임페리얼 위저드'라고 불린 지도자 아래 각 주에는 '드래곤', 카운티에는 '타이탄', 지구에는 '키클롭스'라는 괴상한 명칭의 각 급 지휘관을 거느린 피라미드식 '보이지 않는 제국'을 세웠다. 한밤중에 하얀색 고깔 모양의 두건으로 얼굴을 가리고 유령처럼 흰 가운을 온몸에 두른 채 말을 타고 마을이나 들판을 질주하는 그들의 모습은 흑인들에게 공포감을 주기 위해 고안된 기이하면서도 효과적인 복장이었다.

그들은 흑인의 집을 습격해 해방민국과 유니언 리그의 활동을 방해하고 흑인의 투표를 막기 위해 폭력을 행사했을 뿐 아니라 투표하려는 흑인이나 그들을 지지한 백인의 목숨까지 아무렇지 않게 빼앗았다. 흑인들이 자신들의 해방을 위해 교육에 힘을 쏟으면, 학교나 교사들을 공격 목표로 삼았다. 그들의 폭거는 1879년경 정점에 달했다.

남부에서 이런 테러리즘이 횡행하고 공화당 내부에서는 과거 노예 소유자(농장주)와의 타협 분위기가 조성되고 있을 때 재건 정부의 기초는 와해되기 시작했다. 흑인과 가난한 백인의 동맹은 또다시 고개를 든 백인 우월＝흑인 멸시의 인종주의를 극복하지 못했다. 1872년 5월 의회를 통과한 '대사면 법'은 극히 소수의 사람을 제외하고 과거 남부의 지배 계급에 속했던 사람들의 정치적 권리를 전면적으로 부활시켰다.

그와 함께 해방민국도 활동을 중단했다. 또 그해 대통령 선거에서는 공화당의 내부 분열이 표면화되고 그 일부가 민주당과 결탁함으로써 흑인의 기대를 완전히 저버리고 사태를 돌이킬 수 없는 지경으로까지 악화시켰다. 선거 결과, 계속해서 공화당의 율리시스 그랜트가 대통령에 당선되었다. 이렇게 그의 제2기 대통령 임기는 남부의 민주적 재건이 좌절하는 과정으로 점철된다. 그랜트가 과거 애퍼매톡스에서 남군의 리 장군의 항복을 받아내고 남북전쟁에 종지부를 찍은 북군의 장군이었던 것을 생각하면, 공화당의 변질 과정(그 결과 공화당은 북부와 남부 모두에서 분열했다)을 상징하는 것처럼 느껴지기도 한다.

그랜트 대통령이 재임하던 시기는 미국의 작가 마크 트웨인Mark Twain이 '도금 시대Gilded Age'라고 풍자하기도 했던 부정부패가 만연하고 정치가 심각하게 추락한 시대였다. 부패는 공화당뿐 아니라 민주당도 마찬가지였다. 민주당의 정치 기관이었던 태머니 홀은 지금도 그 악명을 간직하고 있다. 어쨌든 1874년 중간 선거에서 공화당은 하원에서 다수의 의석을 잃었다. 민주당은 남북전쟁 직전 공화당에 패배한 이후 오랜만에 하원에서 다수의 의석을 점할 수 있었다. 공화당의 패배는 남부의 민주적 재건 운동의 종언과 구 남부 정치 세력의 복권 과정의 완성을 예고했다. 그리고 이어지는 1876년 11월의 대통령 선거로 이것을 실현했다.

이때 공화당은 러더퍼드 B. 헤이스Rutherford Birchard Hayes, 민주당은 새뮤얼 틸던Samuel Jones Tilden을 대통령 후보로 내세워 선거에 임했는데 여기서 문제가 발생했다. 개표 결과, 민주당의 틸던이 일반 투표에서 승리했는데 공화당은 사우스캐롤라이나주, 플로리다주, 루이지애나주, 오리건주에서 투표 부정이 있었다고 주장하며 틸던의 당선을 인정하지 않았다. 분쟁 끝에 이듬해 2월 하순 양당 간에 놀라운 정치 거래가 성립했다. 공화당은 이 거래에서 당시 아직 사우스캐롤라이나와 루이지애나주에 주둔하고 있던 연방군을 철수시킨다는 조건으로 헤이스의 대통령 당선을 손에 넣었다. 이렇게 공화당은 남부를 민주당에 넘기고 흑인의 기대를 완전히 저버림으로써 수년간 계속된 남부의 재건 운동을 좌절시키고 말았다. 이른바 헤이스·틸던의 타협이다. 이때부터 민주당의 일당제 지배에 의한 새로운 남부—'견고한 남부'가 탄생하게 된다.

흑인 차별법 성립

19세기 후반 합중국의 역사적 발전은 다채로운 미국 자본주의의 눈부신 약진을 기조로 하고 있다. 예컨대, 제조 공업 분야에서는 1860년부터 1900년까지의 생산액이 19억 달러에서 130억 달러로 약 7배가 증가했으며 임금 노동자 수는 131만 명에서 530만 명으로 약 4배, 투하 자본액은 10억 달러에서 98억 달러로 약 10배 증가했다. 공업 분야 내에서도 각종 산업 부문의 순위가 바뀌었는데 1860년에는 상위 4개 부문이 모두 농업 생산에 직접적으로 의존한 것이었다면 1914년에는 철강이 2위, 기계 공업이 4위를 차지하게 되었다. 또 국가별 비교에서도 미국의 공업은 1860년 영국, 프랑스에 이어 3위를 기록했으나 1870년에는 프랑스를 누르고 2위로 올라섰다가 1880년에는 마침내 영국을 능가해 1위를 차지했다.

1880년대를 경계로, 미국은 농업 국가에서 공업 국가로 전환되었다. 서점西漸 운동으로 계속해서 서쪽으로 이동해온 개척선이 태평양 연안에까지 이르게 된 것도 이 무렵으로 1890년 제11회 국세 조사에서 미개척 영역의 소멸이 공식적으로 표명되었다. 이 같은 경제 발전에는 남북전쟁 이후의 다양한 요인 예를 들면 국내 시장의 확대, 높은 보호 관세율, 이민의 증가로 인한 노동력 공급, 외국 자본의 도입 등과 더불어 철도 건설의 진전이 특히 큰 역할을 했다. 1860년 3만 마일의 철도망이 1880년에는 9만 3,000마일, 1900년에는 19만 3,000마일까지 확대되었다. 철도회사 센트럴 퍼시픽과 유니언 퍼시픽이 건설한 최초의 대륙 횡단 철도가 탄생한 것은 1869년이었다.

미국의 산업 자본은 이 시기에 확립했다. 그와 동시

에 미국 경제는 뚜렷한 독점화 경향을 보이기 시작했다. 1873년의 경제 공황은 자본의 집적 및 집중을 촉진하고 그 결과 1879년 스탠더드 오일 트러스트의 성립을 시작으로 다수의 거대 트러스트들이 생겨나면서 미국 자본주의는 독점 자본주의의 단계로 접어들었다. 1890년에는 셔먼 반反트러스트법이라고도 불리는 독점 금지법이 제정되었다. 이런 미국 자본주의의 구조 변화는 1898년의 미국·스페인 전쟁을 시작으로 세기 전환기 무렵부터 미국의 제국주의적 대외 정책이 시작되는 계기가 되었다.

1877년 헤이스·틸던의 타협을 이런 시대적 배경을 통해 살펴보면 남부의 민주적 재건을 좌절로 이끈 근원이 무엇이었는지 대략 짐작할 수 있다. 인상적인 점은 이 타협 직후인 1877년 여름부터 미국 최초의 전국 철도 대파업이 대규모로 전개되었는데 이때 남부에서 연방군을 완전히 철수하는 조건으로 남부의 흑인을 배신하고 정권을 차지한 공화당의 헤이스 대통령이 이번에는 노동자들의 파업을 탄압하기 위해 연방군을 파견했다는 사실이다. 흑인에게 휘두른 칼날을 이번에는 노동자들에게 향한 것이다. 민주적 재건 운동의 좌절 이후 흑인이 직면해야 했던 정세는 이처럼 가혹했다. 흑인들 앞에 가로놓인 벽은 북부의 독점 자본가와 남부 농장주들의 연합 지배로 더욱 강고해졌다.

민주적 재건이 남부 토지 문제를 혁명적으로 처리하지 못한 탓에 좌절을 겪은 남부에는 과거 노예 소유자 계급이 플랜테이션 노예제도를 대신해 흑인을 착취하기 위한 새로운 수단으로 소작제도가 출현했다. 이 제도에 관해서는 최근 연구의 진전으로 그 본질에 대한 다른 견해도 제기되고 있지만, 기본적으로 농장주의 대토지 소유를 해체하는 대신 그 일부를 흑인과 가난한 백인에게 빌려주고 경작하게 함으로써 그들의 이탈을 막는 전근대적인 제도였다.

남부 농장주와 손잡은 북부의 독점 자본가는 이런 착취 제도를 최대한으로 이용하는 과정에서 남부 지배의 새로운 길을 찾았다. 동시에 남부의 흑인들을 소작농의 형태로 이용하는 것이 북부에서 저렴한 흑인 노동력을 확보하는 길이자 백인 노동자들의 노동 조건 개선 투쟁을 억제하는 길이기도 했다. 이런 점에서 북부의 독점 자본가와 남부의 농장주 이익이 일치했을 뿐 아니라 북부의 독점 자본이 다양한 형태로 남부의 흑인 착취에 직접 관여해 남부에서 토지를 소유하는 북부 자본가들도 나타났다.

하지만 흑인들도 그런 사태를 가만히 보고만 있지 않았다. 남부의 흑인들 사이에는 과거 유니언 리그로 나타난 투쟁 정신이 다시 돌아왔다. 그것은 1879년대부터 1880년대 초반에 걸쳐 거세게 일어났던 그레인저 운동Granger movement과 그린 백 운동Greenback movement을 계승한 인민당 운동의 전국적인 확대와 함께 구체화했다.

1880년대 중서부와 남부의 농민이 중심이 된 반독점 농민 투쟁으로 전개되었던 이 운동은 북부의 노동 운동과 결합해 정치 운동으로 발전했으며 1891년에는 공화당과 민주당에 대항하기 위한 정당으로서 인민당Peopie's Party을 결성하기에 이르렀다. 1892년, 1894년, 1896년 선거에 독자적인 후보를 출마시켜 주 의회는 물론 국회까지 진출했을 만큼 인민당 운동은 민중이 주도한 가장 큰 규모의 반독점 운동인 동시에 공화당과 민주당 두 '거대' 정당에 대한 제3당 운동으로서 진보주의의 선구적인 역할을 했다. 인민당 운동에는 북부 농민 동맹, 남부 농민 동맹, 노동 기사단, 탄광 노동자 조합 외에도 다양한 조직이 참가했으나 새뮤얼 곰퍼스Samuel Gompers가 이끄는 노동 총연맹AFL은 별개였다.

인민당 운동은 북부에서는 북부 농민 동맹, 남부에서

는 남부 농민 동맹을 중심으로 투쟁이 전개되었다. 많은 흑인이 남부 농민 동맹을 지지하고 전국 흑인 농민 동맹을 조직해 직접 인민당 운동의 진열에 참여했다. 이 흑인 조직은 1886년 12월 텍사스주 휴스턴에서 결성되어 금세 남부 전역으로 확대되었으며 전성기에는 125만 명에 이르는 흑인들이 가입했다. 조직명에 농민이라는 단어가 쓰이긴 했지만, 농민 외에 노동자들도 참가한 흑인들의 통일 조직이었다. 이런 투쟁을 통해 나타난 현저한 특징 중 하나는 민주적 재건의 좌절 과정에서 발생한 흑인과 가난한 백인 사이의 균열이 회복되었다는 점이다. 흑인과 가난한 백인은 그들을 억압하는 공통의 적을 상대로 다시 한번 힘을 모으기 시작했다.

현실의 투쟁이 인종적 장벽을 허물었다. 남부 인민당 운동의 지도자로 알려진 토머스 왓슨Thomas John Watson은 백인과 흑인이 힘을 합쳐야 할 필요성에 대해 다음과 같이 호소했다. '흑인 소작인과 백인 소작인, 흑인 노동자와 백인 노동자는 한 배를 타고 있다. 피부색이 다르다는 것이 농민이나 노동자들의 이해득실의 차이를 만드는 것이 아니다.' 또 당시 영국의 한 신문은 이렇게 전했다. '남부의 인민당은 흑인들에게 과거 그들의 구제자였던 공화

당조차 주지 못했던 정치 동맹을 제공했다.'

하지만 이런 정세는 반대로 독점 자본가와 농장주 연합 세력이 인민당 운동의 진정한 저력이 어디에 있는지를 생각하게 했을 뿐 아니라 이를 제거하기 위해 전력을 기울이게 했다. 무슨 수를 써서라도 흑인을 백인 민중으로부터 분리하고 흑인을 백인보다 낮은 지위에 머물게 만드는 일—독점 자본가와 농장주 연합 세력은 단순히 인민당 운동의 타도라는 당면한 목적을 위해서만이 아니라 그것이 그들의 지배력을 더욱 강고히 하는 동시에 흑인들로부터 더 많은 초과 이윤을 착취할 수 있는 확실한 길이라는 것을 학습한 것이다.

1890년부터 20세기 초반에 걸쳐 미시시피주를 시작으로 남부 여러 주로 번진 흑인의 선거권 박탈은 이렇게 일어났다. 미시시피주에서는 헌법 수정 제15조에 저촉되지 않도록 주 헌법에 '인두세'나 '문해력 테스트'를 도입하는 방식으로 흑인의 선거권을 박탈했다. 유권자로 등록하려면 누구나 선거 감독관에게 인두세 납부 영수증을 보여주고 지시된 헌법이나 주법 등의 한 구절을 독해해야 했다. '미시시피 플랜Mississippi Plan'이라고 불린 이런 방식은 다른 남부 여러 주에서도 이것과 비슷한 방법으로 흑인의 선거권을 박탈했다. 인두세나 문해력 테스트는 흑인만을 대상으로 한 것은 아니었지만 당시 흑인의 상황을 생각하면 그것이 흑인의 선거권을 빼앗기 위한 교묘한 수단이라는 것을 쉽게 알 수 있다. 물론 백인 중에도 이런 제약 때문에 유권자 등록을 할 수 없는 사람이 있었지만, 그것은 어디까지나 감독관의 재량에 달려 있었다. 또 이런 백인을 합법적으로 구제하는 방법으로 예컨대 루이지애나주에서는 별도로 '조부 조항Grandfather Clause'을 채용했다. 이 조항은 1867년 1월 1일 이전에 투표한 적이 있는 사람 그리고 그 시기에 법률이 인정하는 선거권을 가진 사람의 자손은 문해력 테스트를 받지 않아도 된다는 규정이다. 이 조항에 해당하는 흑인이 없었기 때문에 결국 흑인들만 이 테스트를 받아야 한다는 뜻이었다. 이렇게 헌법 수정 제15조는 현실의 벽에 부딪혀 흑인의 정치적 권리는 크게 훼손되고 광범위한 정치적 차별이 성행하게 되었다.

그러나 선거권 박탈은 다른 모든 흑인 차별이 집중적으로 드러난 것에 불과하다. 예컨대, 흑인의 시민적 자유에 대해서는 1883년 합중국 최고재판소가 '미국 국민에게 부여된 다양한 특권(공민권)은 주州의 시민에게도 부여된 것이기 때문에 흑인의 시민권 부여를 규정한 헌법 수정 제14조에 적용되지 않는다'라며 1875년의 공민권법을 부정한 이후 남부 여러 주에서는 교통 기관, 학교, 레스토랑, 오락 시설 등에서의 인종차별과 분리가 주법이나 시의 조례 또는 그 밖의 법률에 따라 법제화되었다. 그리고 이런 일련의 과정에 큰 역할을 한 것이 1896년 5월 18일 최고재판소가 루이지애나주의 열차 안에서 흑인을 분리한 사건에 대해 내린 판결(플레시 대 퍼거슨 사건)이다. '분리하되 평등하다separate but equal.' 그렇기 때문에 차별이 아니라는 유명한 원리를 확립함으로써 모든 인종차별에 법적 근거를 제공하고 이를 배후에서 조장했다.

부커 T. 워싱턴/ W. E. B. 듀보이스

7. 근대 흑인 해방 운동

짐 크로우

민주적 재건 운동의 좌절을 가져온 헤이스·틸던의 타협은 미국 독점 자본이 성립하게 된 중요한 요인 중 하나로, 세기 전환기에 남부 여러 주에서 흑인 차별이 법제화되는 과정에서 결실을 보았다. 하지만 여기에서 주의해야 할 것은, 흑인 차별 제도(또는 흑인 차별주의)가 흑인 차별에 대한 주법 또는 시 조례 등의 단순한 집적이 아니라는 것이다.

흑인 차별법이 성립하고 시행되면서 많은 흑인이 피를 흘렸다. '보이지 않는 제국'을 건설해 재건 시대에 공공연히 맹위를 떨쳤던 큐 클럭스 클랜(이하 KKK)은 왕년과 비교해 세력이 약해지기는 했지만, 남부의 전체적인 풍토에 정착해 백인 우월＝흑인 멸시라는 인종적 편견을 대대적으로 선전했을 뿐 아니라 끊임없이 폭력을 선동하며 흑인 박해에 앞장섰다. 흑인에 대한 비합법적 제재 행위 중 가장 다수를 차지했던 린치가 1890년부터 20세기 초반에 걸쳐 창궐한 것도 우연이 아니다. 상당히 소극적인 터스키기 인스티튜트의 조사에서도 1882년부터 1947년 사이에 있었던 3,426건의 린치 사건 건 중 36퍼센트에 해당하는 227건이 1890년의 10년간 일어났다.

'짐 크로우'*로 알려진 미국의 흑인 차별 제도는 이런 합법·비합법적 수단을 동원해 흑인을 백인으로부터 분리하고 제2급 시민의 위치에 머물게 함으로써 독점 단계에 이른 미국의 자본주의가 단순히 흑인뿐 아니라 노동자 계급 전체를 착취하기 위해 만들어낸 법제적, 폭력적, 이데올로기적 수탈 체계로, 피부색 차이에 따른 단순한 인종적 편견이 낳은 현상이 아니다. 따라서 흑인 차별 제도의 근간이 남부에 있었다고 해도 사태의 추이와 함께 금세 다른 지역으로 파급되었는데 특히 흑인이 남부의 농촌을 이탈해 북부의 도시로 이주하기 시작하자 짐 크로우는 흑인 차별이 법제화되지 않은 지역에까지 널리 퍼지게 되었다. 그로 인해 북부 여러 도시에서 고용, 주택 문제를 비롯한 다양한 흑인 차별이 나타났다.

---

* 미국 민스트럴 쇼의 아버지로 알려진 토머스 D. 라이스(Thomas Dartmouth Rice, 1808~1860)는 1830년경 우연히 신시내티의 거리에서 누더기 차림의 흑인 아이들이 '내 이름은 짐 크로우 돌아라 돌아라 짐 크로우 춤추며 돌아라'라는 기묘한 노래를 부르며 뛰노는 것을 보았다. 라이스는 이 아이들의 춤과 노래를 도입해 스스로 얼굴을 검게 칠한 '흑인 분장'으로 이 '춤과 노래'를 세상에 선보여 인기를 얻었다. 이때 처음으로 '짐 크로우'란 말이 쓰였다. 그 후, 댄 에메트Dan Emmett와 조지 프림로즈George H. Primrose가 계승해 일반화되었으며 '짐 크로우 차량' 등으로 알려지면서 흑인에 대한 모든 차별과 분리 정책을 가리키는 의미로 널리 쓰이게 되었다.

터스키기 운동과 나이아가라 운동

근대 흑인 해방 운동의 선구적인 역할을 한 나이아가라 운동은 앞서 살펴본 흑인 차별 제도에 대한 저항 운동으로, 금세기 초반 수년에 걸쳐 전투적인 소수의 흑인 지식인들에 의해 전개된 인종차별 철폐 투쟁이다. 그러나이 운동이 일어난 직접적인 계기는 당시 증가하고 있던 흑인 지식인들 간의 흑인 해방에 관한 기본적인 견해 차이 때문이었다. 이렇게 서로 다른 견해를 가지고 있던 대표적인 인물로 부커 T. 워싱턴과 W. E. B. 듀보이스가 있었다.

『노예제도로부터 몸을 일으켜Up from Slavery』라는 자서전의 제목 그대로 1881년 앨라배마주 터스키기에 흑인의 직업 교육을 위한 대학교를 창설하고 직접 학장을 맡은 워싱턴은 흑인의 지위와 처우를 개선하려면 흑인 스스로 실력을 키우고 기능을 익혀 산업 사회에서 백인과 우정의 연대를 강화하며 한 걸음 한 걸음 노력해나가는 것이 가장 중요하다고 여겼다. 그때 비로소 덕성을 갖춘 흑인 중산 계층이 나타날 것이며 백인도 그런 흑인의 입장을 존중하지 않을 수 없으리라고 생각했다. 그렇기에 그는 이런 근본적인 노력 없이 무작정 흑인 차별 폐지를 요구하는 방식에 반대했다. 예컨대 앞서 살펴본 인민당 운동에서 나타난 흑인들의 투쟁도 그의 눈에는 백인의 반흑인 감정을 자극하는 행동으로만 비쳤다.

1895년 9월 애틀랜타에서 열린 면화 박람회에서 워싱턴은 몇몇 백인 지식인들 사이에 섞여 흑인 대표로서 강연할 기회를 얻었다. 당시 그의 마음을 지배하고 있던 것은 '백인과 흑인 사이의 우정 어린 연대와 진심에서 우러난 협력을 끌어내기 위해 무언가 중대한 이야기를 해야 한다는 소망'이었다. 그의 '무언가 중대한' 이야기는 '당신이 있는 자리에서 양동이를 던져라'라는 교훈을 담고 있었다. 여러 날을 물 위에서 떠돌던 표류선이 간신히 아마존강 기슭에 도착해 다른 선박을 발견했다. 마실 물이 바닥난 표류선은 곧장 다른 배에 물을 보급해달라는 신호를 보냈다. 그러자 곧장 '당신이 있는 자리에서 양동이를 던져라'라는 답신이 돌아왔다. 상대 선박은 물을 보내줄 기색이 전혀 없었다. 표류선은 몇 번인가 다시 물을 요청하는 신호를 보냈지만, 상대 선박의 대답은 똑같았다. 마침내 그 뜻을 깨달은 표류선의 선장이 서둘러 양동이를 바다에 던지자 강 하구의 염분이 없는 깨끗하고 맑은 물을 얻을 수 있었다.

'흑인들 중에는 낯선 땅에서 자신들의 처우가 나아지기를 기대하거나 가까운 남부의 백인들과 우애 관계를 키우는 것을 대수롭지 않게 여기는 사람도 있지만 나는 그들에게 지금 있는 자리에서 양동이를 던지라고 말하고 싶다. 농업, 기계 기술, 상업, 정치 그 밖의 전문 직업에 각자의 양동이를 던져라'라고 워싱턴은 흑인들에게 말했다. 한편, 백인들에게는 '파업도 하지 않고 노동 전쟁에 참여하지도 않으며 당신들의 땅을 일구고 삼림을 개척하고 당신들의 철도와 도시를 건설하고 땅에서 보물을 파내 남부 발전에 큰 역할을 한 흑인들 사이에 양동이를 던져라'라고 말했다.

당시 인민당 운동 때문에 고심하던 지배 계급이 이 강연에서 한 줄기 큰 빛을 발견했다고 해도 이상한 일이 아니다. 강연이 끝난 후 한걸음에 달려온 조지아의 블록 주지사는 워싱턴과 악수를 굳게 나누었다. 수일 후, 그로버 클리블랜드 대통령도 이 강연을 칭송하는 친서를 보내고 그를 백악관에 초대해 함께 식사했다. 앤드류 카네기가 그의 교육 사업에 60만 달러를 기부한 것을 비롯해 스탠더드 오일의 H. H. 로저스, 남부 철도회사의 부사장 볼드윈 2세 등 재계의 거두들도 물심양면으로 워싱턴의 사업을 지원하고 나섰다. 워싱턴은 1896년 하버드, 1901년 다트머스대학에서 명예 학위를 받았으며 '가장 위대한 흑인'으로 백인 사회로부터 극진한 대접을 받았다.

하지만 디트로이트의 한 신문에서조차 '애틀랜타 박람회에는 테네시주의 린치도 남부의 특산물로 출품되었어야 했다'라고 썼을 만큼 듀보이스를 비롯한 급진적인 흑인 지식인들은 워싱턴의 견해에 담긴 흑인 해방의 걸림돌이 될 수 있는 위험성을 감지하고 그의 강연을 '애틀랜타의 타협'이라고 반발했다. 듀보이스는 남부의 재건 운동이 한창인 1868년 매사추세츠주의 그레이트 바링톤에서 자유 흑인의 아들로 태어나 피스크대학교, 하버드대학교 그리고 베를린대학교에서도 공부했으며 당시는 애틀랜타대학교에서 교직에 몸담고 있었다. 1903년 그는 워싱턴의 견해에 대한 반대 명제의 결실이라고 할 수 있는 『흑인의 영혼The Souls of Black Folk』이라는 제목의 서적을 출간했다. 그는 이 책에서 흑인 해방 운동은 소수의 재능 있는 흑인 지식인이 이끌어야 한다는 이른바 '재능 있는 10분의 1The Talented Tenth' 이론을 전개했다. 이 이론은 그 후에도 한동안 듀보이스의 신조였을 뿐 아니라 그가 지도한 흑인 해방 운동이 중산 계급적 급진주의로 전개되고 좀처럼 그 틀을 벗어나지 못한 이유가 되기도 했다. 그가 이 이론과 결별한 것은 한참 후의 일이다.

워싱턴의 소신과 그것을 바탕으로 한 흑인 해방 운동(터스키기 운동이라고 불린다)은 듀보이스를 비롯한 의식 있는 흑인들의 강한 반대에 부딪혔다. 1896년에는 전국 흑인협회와 전국 흑인여성협회가 결성되었으며, 1899년에는 아프로·아메리카 회의가 조직되어 린치의 근절 및 헌법 수정 제13조, 제14조, 제15조의 무조건 실시를 요구했다. 이들 조직의 생명은 그리 길지 못했지만, 터스키기 운동에 대한 반대와 더불어 윌리엄 매킨리 대통령, 시어도어 루스벨트 대통령의 제국주의적 대외 정책에 반대하는 활발한 활동을 펼쳤다.

이것이 나이아가라 운동이 탄생하게 된 흑인 측의 배경이었다. 듀보이스를 비롯해 보스턴의 흑인 신문《가디언》을 통해 흑인 차별 철폐 활동을 계속해온 윌리엄 먼로 트로터William Monroe Trotter, 조지 포브스George Forbes 등 약 30명의 급진파 흑인 지식인은 1905년 7월 나이아가라 폭포 부근의 캐나다령 포트이리에 모여 첫 번째 회합을 열었다. 이곳은 과거 지하 철도 조직의 종착역으로 많은 도망 노예들이 안도의 숨을 내쉬었던 역사적 장소였다.

이곳에서 이른바 '나이아가라 선언'이 채택되었다. 그것은 모든 흑인 차별에 반대하고 '불굴의 정신으로 끊임없이 여론을 환기하는 것이야말로 해방으로 가는 길'이라며 흑인 차별 철폐 투쟁에 나설 것을 호소하는 흑인의 권리 선언이었다. 그리고 이듬해인 1906년 이번에는 일찍이 존 브라운의 봉기가 일어났던 하퍼스 페리에서 제2회 회합을 열었다.

'날이 채 밝지 않은 나지막한 언덕에 엷은 안개 사이로 백여 명의 그림자가 보였다. 그들은 분명한 목적을 가지고 줄지어 행진했다. 날이 밝아올수록 그들의 얼굴이 드러났다. 흑인들의 엄숙한 순례 행렬이었다. 경건한 마음가짐과 목적을 향한 철저한 헌신을 나타내듯 흑인들은 모두 맨발이었다. 순례자들의 정신과 목적의 숭고함처럼 행진 광경도 무척 감동적이었다. 흑인들의 목적은 그들의 나라에 정의를 되살리는 것이었다.' 참가자 중 한 명이었던 존 호프는 그날의 정경을 이렇게 기록했다. 당시 듀보이스는 나이아가라 운동의 정신과 목적에 대해 강하게 호소했다. '우리는 완전한 인간의 권리가 조금이라도 훼손되는 것에 만족하지 않는다. 우리는 자유롭게 태어난 미국인이 가진 정치적, 시민적, 사회적 모든 권리를 요구한다. 우리는 이 권리를 얻을 때까지 무슨 일이 있어도 항의를 멈추지 않을 것이며 미국인들을 향한 호소를 멈추지 않을 것이다. 우리의 투쟁은 우리 자신뿐 아니라 다른 모든 미국인을 위한 것이다.'

나이아가라 운동의 정신은 이처럼 숭고하고 전투적이었지만 앞서 지적한 것처럼 당시 듀보이스 사상에서도 엿보이듯 대중적인 운동으로 발전하지 못하고 불과 4년 만에 활동을 멈추었다. 자금 부족도 문제였지만 현실적인 행동 강령과 그것을 구체화하기 위한 조직 활동이 부진했던 것이 가장 큰 약점이었다. 그런데도 이 운동은 흑인뿐 아니라 백인들에게까지 흑인 차별 제도에 관한 관심을 불러일으켰으며 그 후 조직된 전국 흑인 향상협회로 계승되면서 근대 흑인 해방 운동 역사에 선구적인 역할을 했다.

전국 흑인 향상협회와 전국 도시동맹

전국 흑인 향상협회(National Association for the Advancement of Colored People, 일반적으로 NAACP로 줄여서 표기)의 결성은 직접적으로는 1908년 일리노이주 스프링필드에서 일어난 대규모 인종 폭동이 발단이었다.

이 인종 폭동이 당시 '전국을 뒤흔든' 커다란 이유는 백인의 폭거에 흑인이 똑같이 폭력을 행사해 격렬히 저항했기 때문이다. 당시 상황은 현지에서 폭동을 취재한 윌리엄 E. 월링William English Walling에 의해 널리 보도되었다. 그 역시 남부 출신이었지만 당시 곳곳에서 속출하던 린치나 인종 폭동의 비극이 더는 반복되지 않으려면 흑인들에게 정치적, 시민적 자유를 보장하고 이런 비극의 근원을 뿌리 뽑기 위해 노력하는 조직이 꼭 필요하다는 것을 강하게 호소했다. 사회사업가인 메리 W. 어빙턴 Mary W. Hovington과 헨리 모스코비치Henry Moscovici 박사 그리고 노예제 폐지론자 개리슨의 손자인 오스왈드 개리슨 빌라드Oswald Garrison Villard 등의 저명인들이 월링의 호소에 귀를 기울였다.

그들은 링컨 대통령 탄생 100주년인 이듬해 1909년 2월 12일 월링의 호소를 구체화해 흑인 문제를 논의할 회의를 열기로 결정하고 저명한 백인 자유주의자와 흑인을 포함한 50여 명이 이름을 올린 서명부와 함께 이를 널리 발표했다. 백인에 회의적이었던 트로터는 참가하지 않았지만 듀보이스는 서명부에 이름을 올렸을 뿐 아니라 적극적으로 이 조직 활동에 참여했다. 그리하여 그해 5월 뉴욕에서 열린 회의에서 전국 흑인 위원회가 결성되고 1년 후인 1910년 5월 이번에도 뉴욕에서 열린 제2회 연차 회의에서 전국 흑인 향상협회라는 명칭이 결정되었다.

NAACP는 과거 공화당의 급진파 의원 찰스 섬너의 비서를 지내고 후에 미국 변호사협회의 회장을 맡기도 했던 무어필드 스토리Moorfield Storey를 회장으로, 윌링을 집행위원회 의장, 듀보이스를 홍보조사부장으로 선출했으며《위기The Crisis》라는 기관지도 발행했다. 듀보이스는 협회의 유일한 흑인 임원이었다. NAACP는 듀보이스를 이 자리에 앉힘으로써 나이아가라 운동의 정치 노선과 전투 정신을 다소나마 승인하는 태도를 취했다. NAACP는 미국의 흑인들에게 시민적 권리 특히 공정한 재판을 보장하는 동시에 경제적, 사회적, 정치적 기회를 확보하고 그들의 지위를 향상시키는 것을 기본 목표로 삼았다. 그 구체적인 활동으로 린치와 인종 폭동에 대한 반대 투쟁에서 큰 성과를 거두었다. 그리하여 린치 사건의 발생 횟수가 점차 감소하기 시작했다.

하지만 자유주의적 백인 지식인이 중심이었기 때문에 결성 당시 듀보이스가 한 린치 사건에 관해 '우리는 더는 그런 일을 묵과하지 않겠다. 만약 죽음을 맞을 수밖에 없다면 신이시여, 건초 더미가 아니라 인간답게 스러지게 하소서'라고 말한 격렬한 저항 정신은 점차 희미해졌다. 결국 듀보이스는 1934년 이 협회를 떠났다.

그런 태도 변화에 대해 처음에는 NAACP에 경의를 표하며 한결같이 워싱턴의 운동을 지지해온 자본가 중에서도 추파를 보내는 사람들이 나타났다. 이를테면, 사이러스 맥코믹Cyrus Hall McCormick 부인이나 하비 파이어스톤 Harvey Samuel Firestone 등이 그런 경우였다. NAACP가 결성 당시의 정신을 되찾고 흑인 대중들과 협력해 흑인 차별 철폐 투쟁에서 지도적 역할을 하게 된 것은 제2차 세계대전 이후의 일이다.

NAACP가 린치 반대 운동과 법정에서의 흑인 차별 철폐 투쟁에 힘을 쏟던 무렵에도 흑인들의 남부 농촌으로부터의 이탈은 계속되었다. 특히, 북부 대도시로 모여든 흑인들의 도시 생활을 둘러싸고 해결해야 할 문제가 속출했다. NAACP를 대신해, 이런 문제 해결에 도움의 손길을 내민 것은 NAACP보다 조금 늦게 결성된 전국 도시 동맹(National Urban League. 일반적으로 NUL로 줄여서 표기)이었다.

그러나 1911년 NUL의 결성은 NAACP의 성립 당시 정치 노선에 대한 반발에서 비롯되었다. 부커 T. 워싱턴과 뜻을 함께한 흑인 지도자들과 그 지지자들은 NAACP보다 한층 온건한 조직을 원했다. NUL의 초대 의장으로 선출된 볼드윈 부인(Ruth Standish Baldwin, 남편 윌리엄 볼드윈은 철도회사의 거두)은 결성 대회 석상에서 이 조직의 목적에 대해 이렇게 말했다. '우리는 흑인이나 백인 어느 한쪽의 좁은 이익을 위해 봉사하는 것이 아니라 미국 시민으로서 함께 손을 맞잡고 우리의 공통의 도시, 공통의 나라 전체의 복지를 위해 봉사해야 한다.'

흑인 해방 운동의 계열로서 NAACP가 나이아가라 운동에 속한다면 NUL은 터스키기 운동에 속한다. 따라서 NUL은 정치 행동을 배제하고 사회 개량적 강령을 바탕으로 흑인들의 생활 실태 조사를 실시했으며 직업 교육의 진흥 및 보건 위생 사상의 보급에 힘썼다. NAACP와 NUL 모두 백인 자유주의자와 흑인의 공동 조직이었다는 사실은 같지만, 굳이 따지자면 NUL은 자선 단체적인 색채가 엿보이는 조직이었다.

가비 운동

제1차 세계대전이 미합중국의 역사적 발전에 미친 영향은 헤아릴 수 없을 만큼 크다. 여기에서 그 전모를 다룰 수는 없지만 그런데도 이 전쟁은 미국 흑인의 생활에 직접적이고 다대한 변화를 초래했다.

앞서 지적한 흑인의 남부 농촌으로부터의 이탈, 북부 대도시로의 이주는 이 전쟁으로 비약적으로 증가했으며 전후의 경제 활황은 여기에 박차를 가했다. 그 수를 정확히 파악할 수는 없지만 미국의 경제사학자 루이스 해커 Louis M. Hacker는 1914년~1917년 기간에만 40만 명에 달했을 것으로 추정했으며 역사가 제임스 앨런James S. Allen은 1910년~1930년 남부의 블랙 벨트에서 유출된 흑인 수가 100만 명 이상에 달했을 것으로 추정했다. 동시에 이 무렵에는 남부 내부에서도 흑인의 도시 이주가 시작되면서 블랙 벨트는 대도시 공장에 값싼 노동력을 보급하는 병참 기지 역할을 맡게 되었다. 이런 북부 대도시를 중심으로 흑인 중에서도 노동자 계급이 형성되기 시작했다.

이런 변화는 도시에 이주한 흑인들에게 이제까지 그들이 접하지 못했던 낯선 문제를 안겨주었다. 무엇보다 그들은 도시 생활이 익숙지 않았다. 물건 하나를 사는 것조차 이전과는 사정이 달랐다. 게다가 그들을 기다리고 있는 것은 남부와 별반 다를 바 없는 차별 대우였다. 임금은 낮고 주거는 게토ghetto라고 불리는 빈민가의 한 구획에 한정되었다. 흑인들 사이에는 격렬한 저항심과 더불어 불안과 초조가 감돌기 시작했다. 게다가 그들 중에는 전쟁에 나가 용감히 싸웠지만, 전장에서조차 자국의 차별 대우를 받는 한편 프랑스를 비롯한 다른 동맹국 군인들로부터 처음으로 인간적인 대우를 받고 인종차별 제도에 대한 더 큰 반감을 품고 돌아온 귀환 병사들도 다수 섞여 있었다.

1919년 여름을 정점으로, 각지에서 빈발한 대규모 인종 폭동은 이런 사회적 배경을 가지고 있었다. 그중에서도 그해 7월 시카고에서 일어난 인종 폭동은 최대 규모였다. 발단은 유진 윌리엄스라는 17세의 흑인 소년이 미시간호숫가에서 보트를 타고 놀다 그만 백인들이 임의로 정한 '금지선'을 넘어 그들의 구역을 '침범'했다는 이유로 백인들이 던진 돌에 맞아 익사한 사건이었다. 그 사건이 순식간에 시카고 전역을 뒤흔든 13일간의 인종 전쟁으로 바뀌면서 백인 15명, 흑인 23명이 목숨을 잃었을 뿐 아니라 백인 178명, 흑인 342명이 다치고 수백 채의 가옥

(대부분 흑인의 가옥)이 불타는 결과를 초래한 것은 이 사건이 통조림 공장에서 새롭게 조직된 노동조합 탄압에 이용되었기 때문이다.

거기에는 당시 대도시에 거주하던 흑인들의 일반적인 상황이 매우 극적인 형태로 나타나 있다. 하지만 NUL은 물론 NAACP도 이런 흑인들의 문제에 대처하지 못했다. 이것이 전쟁 당시부터 전후에 걸쳐 다음에 살펴볼 가비 운동이 많은 흑인의 마음을 사로잡은 사회적 배경이었다.

이 운동의 지도자 마커스 가비Marcus Mosiah Garvey는 1887년 자메이카에서 태어난 흑인으로 '순수한 흑인'을 상징하는 듯한 검은 피부색은 그의 자랑이었다. 인쇄공으로 일하던 중 부커 T. 워싱턴의 저작을 접한 그는 흑인 해방에 투신하기로 하고 1914년 자메이카에서 세계 흑인 지위 향상협회Universal Negro Improvement Association를 설립했다. 하지만 그가 본격적인 활동을 개시한 것은 1916년 미국에 온 이후였다.

그보다 조금 이른 시기, 영국으로 건너간 가비는 아프리카에서 온 몇몇 흑인들에게서 백인의 아프리카 침략에 관한 이야기를 듣고 백인의 식민지주의와 인종적 억압에 대한 한층 강한 증오를 품게 되었다.

가비는 뉴욕에 세계 흑인 지위 향상협회 본부를 설립하고 《흑인 세계The Negro World》라는 제목의 기관지를 발행했다. 그의 운동은 금세 많은 흑인의 지지를 얻으며 1919년까지 미국 전역에 30개 지부가 설치되고 《흑인 세계》도 유명세를 치르게 되었다. 회원 수는 가비 본인의 말에 따르면 1922년 당시 미국에만 200만 명, 전 세계적으로는 400만 명에 이른다고 했으나 듀보이스를 비롯한 가비 운동의 비판자들은 하나같이 터무니없는 허풍이라고 단언했다.

윌리엄 피켄스William Pickens는 100만 명 이하였을 것이라고 추정했으며 W. A. 도밍고W. A. Domingo는 이 협회의 공식 회계 보고를 통해 1920년 회비를 낸 회원 수가 불과 1만 7,784명이었다고 밝혔다. 듀보이스도 이와 비슷한 숫자로 추정했다. 회원 수에 관해서는 큰 차이를 보였지만 가비주의가 극히 짧은 시간에 놀라울 정도로 많은 흑인의 마음을 사로잡은 것만은 분명하다. 그들 대부분이 남부를 떠나 대도시로 이주한 흑인들이었다는 사실에 유의해야 한다.

가비 운동의 특징을 한마디로 말하면, 흑인의 민족 감정을 자극하는 전투성과 일종의 패배주의의 동거同居라고 할 수 있다. 세계 흑인 지위 향상협회는 제1회 대회에서 전문 및 54개 조로 이루어진 권리 선언을 채택했다. 전문 내용에는 백인의 나라인 유럽 열강이 흑인의 나라인 아프리카를 강탈하고 흑인을 노예로 삼았을 뿐 아니라 서인도제도와 신대륙으로까지 그 마수를 뻗친 것에 대한 강한 항의와 함께 미국 흑인에 대한 린치와 인종적 억압 그밖의 다양한 차별 대우에 대한 거센 비난이 담겨있었다.

또 권리 선언에는 구체적 항목에 대한 반대 의사 예컨대 세금 불납, 흑인 차별법 무시, 폭력에 대해서는 '수단을 가리지 않는' 자기방어와 같이 상당히 과격한 형태로 열거되어있다. 그러나 권리 선언의 요지는 누가 뭐래도 '아프리카를 아프리카인에게 돌려 달라'는 요구였다. 그 내용은 다음과 같다. '우리는 전 세계 흑인을 위한 아프리카의 자유가 있다고 믿는다. 유럽인들을 위한 유럽, 아시아인들을 위한 아시아와 같은 신조처럼 우리 역시 국내외에서 아프리카인을 위한 아프리카를 요구한다.' 그는 모든 흑인이 아프리카의 자유 시민이며 민족 자결권을 가져야 한다고 강하게 주장했다.

이때부터 '아프리카로 돌아가자'라는, 역사적으로도 그리 드물지 않은 슬로건이 가비 특유의 공상적 착상을 바탕으로 등장해 오로지 아프리카 복귀 운동이라는 형태로 전개되었다. 그는 거리에서든 집회장에서든 기회가 있을 때마다 흑인이 소수 민족으로 취급받는 백인의 나라에서는 아무리 노력해도 정의를 획득할 수 없으므로 그들의 모국 아프리카로 돌아가 자신들의 나라를 세워야만 이를 손에 넣을 수 있다고 강하게 호소했다. 1921년 뉴욕에서 열린 세계 흑인 지위 향상협회의 제2차 대회에는 미국 전역은 물론 서인도제도, 남아메리카, 아프리카에서까지 많은 흑인들이 참가했으며 그 수는 2만 5,000명에 달했다고 한다. 가비는 이 대회에서 '아프리카 제국' 수립을 선언하고 스스로 임시 대통령에 취임해 언젠가 아프리카에서 백인 침략자를 몰아내기 위해 '아프리카 여단'을 편성했으며 피, 인종, 희망을 상징하는 적색, 흑색, 녹색의 세 가지 색으로 이루어진 국기도 제정되었다. 그는 보라색과 금색의 제복을 걸치고 머리에는 새의 깃털을 꽂은 모자를 썼으며 '아프리카 수송 부대'와 '검은 독수리 비행 부대'의 대원들은 국기 색과 같은 적색, 흑색, 녹색의 제복을 입었다. 그들은 종종 이런 복장으로 뉴욕과 그 밖의 도시에서 랩을 하고 북을 치며 대규모 시위행진을 했다.

가비는 이 군대를 아프리카로 보내려면 배가 필요하다는 것을 통감하고 블랙스타 라인The Black Star Line이라는 회사를 설립해 배를 입수하기 위해 노력했다. 하지만 결국 이 사업이 그의 운동을 좌절로 이끌었다. 그는 회사의 주식을 팔거나 모금 행사 등으로 100만 달러의 자금을 마련해 그토록 바라던 배를 구입해 항해까지 시도했지만, 사업 부진으로 회사가 도산하고 말았다. 심지어 가비는 모금에 관련한 사기죄로 1925년부터 5년간 애틀랜타의 감옥에 수용되었다. 실제로는 2년의 복역 생활을 마치고 1927년 출소했을 때 '아프리카 제국'과 군대는 과거의 영광을 잃고 붕괴 위기를 맞고 있었다. 운동은 내부 분열로 49개 주 운동과 에티오피아 평화 운동 등의 소그룹으로 와해되었다. 가비는 그 후 서인도제도와 런던에서 재기를 시도했지만 이렇다 할 성과를 내지 못하고 1940년 쓸쓸히 세상을 떠났다.

애초에 블랙스타 라인은 가비의 '숭고한 꿈'을 실현하기 위한 수단이었을 뿐이지만 그런 사업에 손을 대면서 가비주의의 전투성은 급격히 퇴색하고 말았다. 사업 부진까지 겹치자 이런 경향은 더욱 심해졌다. 그는 NAACP를 혐오하고 노동조합에 강하게 반발하며 '자본주의는 세계의 진보에 꼭 필요한 것'이라고도 말했다. 가비의 사상과 행동에는 서로 모순되는 점이 많았을 뿐 아니라 당혹스러울 만큼 극단적인 면을 드러내기도 했다. 그렇지만 이 운동을 이끈 가비의 개성이 표현된 외형을 제외하면, 거기에는 소박하고 자연스러운 흑인 민족주의가 살아 숨 쉬고 있음을 느낄 수 있다.

한 편의 희극과도 같은 가비의 비극은 미국의 흑인 노동 계층이 형성되는 과정에 나타난 근대 흑인 해방 운동의 약점을 드러내 보였지만 그것이 흑인의 민족 감정을 자극하고 그들의 영혼을 일깨워 정의와 시민적 권리를 획득하기 위한 적극적 투쟁에 나설 수 있는 정신적 풍토를 조성했다. 우리는 제2차 세계대전 이후 미국 전역을 휩쓴 공민권 운동을 기축으로 발전한 흑인 해방 운동에서 그 바람직한 발전상을 찾아볼 수 있다. 당시에도 주로 문학과 음악을 통해 미국 사회주의 운동과 노동 운동과 연대하고 잡지 《메신저The Messenger》를 중심으로 '새로운 흑인New Negro' 그룹을 형성하는 과정에서도 볼 수 있다. 이른바 '니그로 르네상스' 혹은 '할렘 르네상스'라고 불린 운동이다.

'아프리카로 돌아가자'라는 슬로건은 노예제도 시대에

도 등장한 바 있으며 가비 이후에도 완전히 사라진 것은 아니었다. 그것이 백인 우월주의의 표명이었든 흑인 민족주의의 발로였든 결국 이 운동은 결실을 거두지 못했다. 반대로 그렇게 오랜 세대에 걸친 시련을 극복함으로써 그들은 미국인으로서의 확실한 자의식과 자각을 함양한 진정한 미국인이 되었다. 이제 그들의 과제는 미국인으로서 당연히 누려야 할 미국의 헌법이 전 국민에게 보장한 정치적, 사회적, 경제적 권리를 완전히 획득하는 것이었다.

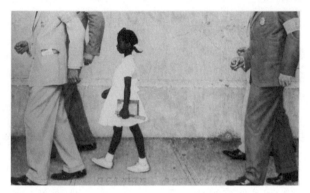

연방 보안관의 경호를 받으며 등교하는 리틀록의 흑인 학생

8. 공민권 투쟁의 개막

대통령 행정명령 제8802호와 공정 고용 실시법

흑인을 백인으로부터 분리해도 시설 등이 평등하다면 헌법 위반이 아니라는 1896년 연방 최고재판소의 판결(플레시 대 퍼거슨 판결)은 그 후 반세기에 걸쳐 흑인과 백인뿐 아니라 미국의 인종 관계 전반을 지지하는 법적 원리가 되었다.

하지만 유럽에서 제2차 세계대전이 본격화되자 합중국에서도 임전 태세를 갖추기 위해 국민을 총동원해야할 필요성이 생겼다. 그러려면 미국인끼리의 불화와 대립을 피하고 무엇보다 흑인을 비롯한 유색 소수 인종과 백인 사이의 관계 개선이 시급한 상황이었다. 같은 미국인이라도 영국계나 프랑스계 같은 연합국 출신자들이나 그 자손도 있고 독일계나 이탈리아계 또는 일본계와 같은 동맹국 출신이나 그 자손도 있었다. 애초에 이민의 나라인 합중국에는 다양한 백인과 유색인이 함께 살아가고 있었다. 종교나 신념도 마찬가지였다. 이렇게 다종다양한 인종·민족 구성으로 이루어진 미국인을 견고한 국민적 합의와 민주주의 수호라는 공통의 대의를 바탕으로 결속시키기란 쉽지 않은 일이었다.

루스벨트 대통령은 A. 필립 랜돌프Asa Philip Randolph 등이 제창한 수도 워싱턴을 향한 시위행진을 포함한 흑인 측의 강한 압박을 받아 1941년 6월 대통령 행정명령 제8802호를 발령했다. 거기에는 '방위 산업 및 정부 기관에서 노동자를 고용하는 경우 인종, 신조, 피부색, 출신국을 이유로 차별해서는 안 된다. 모든 노동자를 이들 산업에 완전히 참가시키는 것은 고용자 및 노동조합의 의무다'라는 내용이 담겨있었으며 이 명령을 위반하는 일이 없도록 감시하고 조사하는 공정 고용 실시위원회를 설치한 것은 이런 시국의 요청에 따른 것이었다. 그렇다고 이들 분야에서 인종차별이 바로 사라진 것은 아니었지만, 비상사태에 대한 대응책으로 강구된 이 조치가 전후 인종 관계 개선에 중요한 역할을 한 것은 확실하다. 루스벨트가 세상을 떠난 후(1945년 4월) 그 뒤를 이은 해리 S. 트루먼은 세계대전이 종결된 이후인 1946년 12월 인종차별 철폐를 목표로 공민권 위원회를 발족하고 1948년 7월에는 대통령 행정명령 제9981호를 발령해 군 내부의 인종차별을 금지했다. 그리하여 한국전쟁에는 미국 역사상 최초로 '분리 없이 통합된 군대'가 동원되었다.

대통령 행정명령에 따른 연방 수준의 상황 변화를 바탕으로 남부 이외의 몇몇 주에서는 일반고용에도 인종차별을 금지하는 방향의 제도 개혁이 이루어지기 시작했다. 뉴저지주와 뉴욕주는 1945년 이미 고용 과정에서의 인종차별을 금지하는 법령을 제정했다. 반차별법이라고 불린 이 법령은 인종, 신조, 피부색, 출신국을 이유로 취업 기회를 막거나 차별해서는 안 된다는 취지가 명기되어 있는데 주목해야 할 것은 1949년에 개정된 뉴저지주의 법령과 역시 같은 해 제정된 코네티컷주의 법령에서는 고용뿐 아니라 주의 각종 공공시설에 대해서도 모든 주민의 '시민적 권리'로 '충분하고 평등하게' 이용할 수 있어야 한다는 규정이 도입되었다는 점이다.

일반적인 공공시설 이용까지 규정한 이런 주법은 당시로서는 예외적이라고 할 수 있다. 고용에 관해서는 1950년대가 되면서 정식 명칭은 조금씩 차이를 보였지만, 흔히 공정 고용 실시법이라고 칭하는 법령이 매사추세츠주(1950년), 로드아일랜드주(1952년), 미네소타주(1955년), 미시간주(1955년), 펜실베이니아주(1955년), 오하이오주(1959년), 캘리포니아주(1955년) 등에서 잇따라 제정되었다. 그러나 이런 주법의 제정이 지역적으로 확대되고 실제 합중국 전역에서 성과를 거두기까지는 1964년 연방법으로 성립한 공민권법과 이를 쟁취하기 위해 흑인을 비롯한 광범

위한 민중의 끊임없는 투쟁이 필요했다.

스미스 대 올라이트 판결부터 브라운 대 교육 위원회 판결까지

1940년 7월 텍사스주에서 연방 상·하원 의원, 주지사 그 밖의 공직 후보자를 선출하는 민주당 예비 선거가 실시되었다. 그때 해리스 카운티에 사는 흑인 로니 스미스 Lonnie E. Smith는 '합중국 헌법으로 보장된 투표권을 빼앗겼다'며 S. E. 올라이트S. E. Allwright 등의 선거 관리위원을 상대로 5,000달러의 손해 배상을 청구하는 소송을 제기했다. 이 소송에 대해 텍사스주 최고재판소는 정당이 예비 선거에서 흑인을 배제하는 것은 정당의 '사적 행위'이지 주州의 공적 행위가 아니기 때문에 '흑인은 민주당의 어떤 예비 선거에서도 투표권을 갖지 못한다'라는 1923년의 인종차별 주법을 그대로 답습하는 판결을 내렸다.

예비 선거를 정당의 사적 행위로 간주한 이 판결에 대해 연방 최고재판소는 1944년 4월 '예비 선거에서의 투표권과 일반 선거의 투표권이 동일하게 적용되어야 한다. 그것은 합중국 헌법에 따라 보장된 권리이다. 헌법 수정 제15조는 어떤 주에서든 인종을 이유로 그 권리를 박탈할 수 없도록 규정하고 있다'라며 예비 선거에서 흑인을 배제하는 것은 명백한 헌법 위반이라는 판결을 내림으로써 텍사스주 최고재판소의 판결을 부정했다.

예비 선거에서 인종차별이 위헌 결정을 받은 후 7년이 지난 1951년 2월, 캔자스주에 사는 올리버 브라운은 토피카시 교육 위원회를 상대로 소송을 제기했다. 위원회가 근처의 백인 공립학교로 전학 가고 싶다는 딸 린다의 희망을 주법에 근거해 거부했기 때문이다. 당시 남부를 중심으로 20개가 넘는 주에서 흑인과 백인을 분리해 각각 다른 학교에서 교육하도록 법률로 규정했다. 이 재판은 최종적으로 백인 공립학교 등교를 용인하지 않는 문제로 소송이 제기된 다른 3건(사우스캐롤라이나주, 버지니아주, 델라웨어주에서의 재판)과 함께 연방 최고재판소가 일괄 심리하기로 했다. 이것이 '브라운 대 교육 위원회 사건'이다.

연방 최고재판소는 1954년 5월 17일 '공립학교에서 백인과 흑인 학생을 분리하는 것은 흑인 학생들에게 유해한 영향을 미친다. 법으로 강제된 분리라면 영향은 더욱 클 것이다. 따라서 법으로 강제된 분리는 흑인 학생들의 지적, 교육적 발달을 저해하고, 흑백 공학共學 제도 아래에서 받았을 이익 일부를 그들에게서 빼앗는 일이다'라고 지적하고 '공교육 분야에서 '분리하되 평등하다'는 원리는 적용되지 않는다. 분리된 교육 시설은 본질적으로 불평등하다'라는 판단을 바탕으로 공립학교에서 흑인과 백인을 분리하는 것은 헌법에 위배된다는 획기적인 판결을 내렸다. 그리하여 반세기에 걸친 인종차별을 지지해온 '플레시 대 퍼거슨 판결'의 '분리하되 평등하다'는 원리 대신 '분리하는 것은 불평등하다'는 인종차별 철폐로의 새로운 원리가 세워진 것이다.

하지만 흑백 별학別學 제도 하에서 평등권을 빼앗긴 흑인을 어떻게 구제할 것인가라는 문제가 남았다. 이 문제를 분명히 하기 위해 최고재판소는 다시 한번 당사자에게 구두 변론을 명하고 1년 후 '브라운 II 판결'을 내렸다. 이는 교육 위원회에 분리 교육을 없애는 방안을 마련해 '가급적 빨리' 또는 '신중한 속도'로 실현할 것을 명하고 연방 지방 재판소에 이를 감독할 권한을 준다는 판결로, 전년도의 획기적인 판결과 함께 이른바 '브라운 판결'이라고 불린다.

이런 움직임에 대해 특히 남부 백인들의 분노와 저항이 격렬했다. 그러나 흑인들의 반응은 정반대였다. 유명한 흑인 신문 《시카고 디펜더》는 이 판결을 '제2의 노예 해방 선언'이라고 불렀다. 전국의 흑인 특히 인종차별의 법적 규제에 따라 억압받던 남부 흑인들은 바야흐로 인종차별의 전면적인 폐지와 완전한 공민권 획득을 달성할 새로운 시대가 열렸다고 느꼈다. 사실상 그들은 이미 투쟁의 선두에 서서 행동을 개시하고 있었다.

버스 승차 거부 운동

남부 각지에서는 여전히 '짐 크로우'가 횡행하고 있었다. 역 대합실이나 화장실 또는 공원이나 수돗가 등의 공공시설에는 어딜 가나 '백인 전용' 혹은 '흑인용'이라고 쓰인 표지판이 걸려있었다. 버스 좌석은 뒤쪽이 흑인석, 앞쪽이 백인석으로 나뉘어있었으며 흑인은 '흑인석'이 가득 차면 '백인석'에 아무리 빈자리가 많아도 앉지 못하고 뒤쪽에 서 있을 수밖에 없었다.

이런 버스 안에서의 인종 분리에 반대하는 운동이 1953년 루이지애나주의 주도州都 배턴루지에서 시작되었다. 그해 이 도시의 흑인 지도자는 누구나 빈자리에 자유롭게 앉을 수 있도록 하는 시 조례 제정을 강력히 요구하는 청원서를 시 의회에 제출했으나 제정된 시 조례 제

222호는 '흑인은 뒷좌석부터, 백인은 앞 좌석부터 좌석을 점한다'는 것을 규정하는 것이 고작이었다.

여기에 불만을 품은 흑인들은 이 조례가 시행된 3월 11일 버스의 앞쪽에서부터 좌석에 앉는 것으로 그들의 의사를 표현했다. 그런데 이번에는 흑인들의 이런 행동을 목격한 백인 버스 기사들이 항의하며 시 조례 제222호가 루이지애나주의 인종 분리법에 저촉된다고 주장하며 파업에 돌입했다. 나흘간에 걸친 파업의 경과를 주의 깊게 지켜보던 주 사법장관은 백인 기사들의 입장을 옹호하며 새로 제정된 시 조례가 주법 위반이라는 판단을 내렸다.

이런 상황에서 6월 배턴루지의 흑인들은 전국 흑인 향상협회NAACP의 회장을 맡기도 한 T. J. 제미슨Theodore Judson Jemison 목사를 중심으로 '더는 인종 분리와 부정을 참을 수 없다'라며 종래의 상투적 수단이었던 법정 투쟁이 아닌 버스 승차 거부라는 대중적이고 직접적인 행동을 통한 저항 운동을 개시했다. 승차 거부가 엿새째에 접어들면서 흑인과 시 당국 사이에 수습책을 모색하기 시작했다. 그 결과 '버스의 앞 좌석 2열을 백인용으로 지정한다'는 타협안이 성립했다. 연일연야 집회를 열었던 약

8,000명의 흑인은 마지못해 타협안을 받아들이고 승차 거부 운동은 6월 25일 막을 내렸다. 이 운동으로 버스 회사 측은 하루당 1,600달러에 달하는 손실을 입었다고 한다. 배턴루지에서의 이런 경험은 버스에서의 인종 분리를 폐지하지는 못했지만 2년 후인 1955년 앨라배마주의 주도 몽고메리에서 성공을 거둠으로써 커다란 역사적 성과를 쟁취하게 된다.

이 도시에서 인종 분리의 높은 벽에 과감히 도전한 것은 다운타운의 일류 백화점에 재봉사로 일하던 42세의 매력적인 흑인 여성으로 과거 NAACP 몽고메리 지부의 서기를 지내기도 했던 로자 파크스Rosa Parks였다. 한 해가 저물어가던 12월 1일 일을 마친 그녀는 집으로 돌아가기 위해 클리블랜드가에서 버스에 올랐다. 오랫동안 서서 일하느라 지친 파크스는 백인용으로 지정된 앞 좌석의 바로 뒷자리에 앉았다. 그런데 그녀가 자리에 앉자마자 버스 기사는 다른 3명의 흑인 승객과 그녀에게 나중에 탄 백인 승객을 위해 자리를 양보하라고 명령했다. 다른 3명의 흑인 승객은 이내 버스 기사의 요구에 응했지만 파크스는 조용하면서도 단호한 어조로 '노No'라고 대답하고 이를 거절했다. 결국 그녀는 경찰에 체포되었다. 이것이 사건의 발단이었다.

로자 파크스의 이런 행동은 한 사람의 흑인 여성이 오랫동안 품어왔던 인간 존엄과 자유에 대한 열망이 폭발하듯 터져 나온 것이었다. 파크스가 체포되었다는 뉴스는 순식간에 몽고메리 흑인 사회 전체의 문제로 흑인들 사이에 크게 화제가 되었다. 일찍이 이 도시에는 흑인 여성 노동자들—대부분 여성정치회의 회원이었다—을 중심으로 결성된 인종차별 철폐 조직이 존재하고 있었다. 여기에 그 지역의 유력한 목사이자 흑인 지도자들이 참가해 이 사건에 대처하기 위한 구체적인 방안에 대한 진지한 논의가 시작되었다. 거듭된 논의 끝에 시 전체 흑인이 동참하는 버스 승차 거부 운동을 추진하는 것으로 모두의 의견이 일치했다.

당시 몽고메리 인구는 백인이 약 7만 5,000명, 흑인은 약 4만 5,000명으로 버스 이용객의 3분의 2는 흑인들이었다. 따라서 이 운동이 성공하면 버스 회사 측에 결정적인 경제적 타격을 줄 것이 분명했다. 하지만 이 운동이 성공하려면 대다수 흑인 주민들의 전면적인 협력이 꼭 필요한 상황이었다. 누가 봐도 예삿일이 아니라는 것을 알 수 있었다. 이 어려운 일을 수행하기 위한 중심적 역할을 맡아달라는 요청을 받은 것이 당시에는 이름도 거의 알려지지 않았던 26세의 청년 목사 마틴 루터 킹Martin Luther King이었다. 처음에는 당황하고 주저했던 그였지만 철저한 비폭력 저항 운동을 전개한다는 방침에 따라 이 막중한 책무를 맡았다. 그날의 대규모 집회에서 랠프 애버내시Ralph David Abernathy 목사 다음으로 단상에 오른 킹 목사는 흥분을 감추지 못한 표정이었지만 분명한 어조로 '만약 우리가 틀렸다면 그것은 이 나라 최고재판소가 틀린 것이다. 만약 우리가 틀렸다면 그것은 미합중국의 헌법이 틀린 것이다'라고 단언했다.

마침내 12월 5일부터 몽고메리의 흑인 사회 전체가 관여한 버스 승차 거부 운동이 시작되었다. 킹 목사는 그날의 감회를 다음과 같이 회상했다.

월요일(12월 5일) 아침, 아내와 나는 평소보다 일찍 눈을 떴다. 항의의 날이 찾아온 것이다. 우리는 이 드라마의 제1막이 오르는 것을 직접 지켜보기로 했다. 나는 여전히 60퍼센트의 협력만 얻어도 이 계획은 성공이라고 생각했다.

다행히 버스 정류장은 우리 집에서 불과 5피트 거리에

있었다. 다시 말해, 우리는 정면 현관의 창을 통해 개막 무대를 볼 수 있던 것이다. ……주방에서 커피를 마시고 있는데 '마틴, 마틴, 얼른 와봐요'라고 큰 소리로 나를 부르는 아내 코레타의 목소리가 들렸다. 나는 커피잔을 내려놓고 거실로 달려갔다. 정면 현관의 창으로 다가가자 코레타가 천천히 다가오는 시발 버스를 가리키며 기쁜 목소리로 말했다. '여보, 텅 비었어요!' 나는 이 시발 버스가 매일 출근하는 흑인 노동자들로 만원이었던 것을 알고 있었다. 내가 본 장면을 도무지 믿을 수 없었다.

이렇게 시작된 흑인의 버스 승차 거부에 대해 백인 측에서는 당시 남부 여러 도시에서 조직화했던 백인 시민 회의와 각지에서 나타난 큐 클럭스 클랜(이하 KKK) 등을 중심으로 온갖 방해와 폭력 행위로 흑인 민중들의 저항 운동을 탄압하기 위해 애썼다. 백인 시민회의는 정치가, 은행가, 실업가, 판사 등 KKK보다 사회적, 경제적으로 훨씬 고위층을 대상으로 회원을 모집했지만, 이 조직도 KKK와 마찬가지로 어떤 수단을 동원해서든 인종 분리를 유지하기로 결의한 반흑인 단체였다. 그들은 경찰권을 발동시켜 운동 지도자 100여 명을 보복적으로 고소하고 그중 다수를 유치장에 가두었다. 한편, KKK는 '백인과 흑인을 섞어 잡종 인간을 만들 셈인가. 그거야말로 파멸이다'라고 외치며 흑인들에게 폭력을 행사했다. 몇몇 과격한 인종주의자들은 흑인 교회를 폭파하거나 킹 목사의 집에 폭탄을 던지기도 했다.

흑인들은 참고 견뎠다. 자가용 합승 조직을 만들고 직장에 통근하거나 쇼핑을 할 때도 먼 거리를 걸어서 다니며 킹 목사의 지도에 따라 1년이나 비폭력 저항을 관철했다. 양심적인 소수의 백인 중에는 이 운동을 은밀히 돕는 사람도 있었다. 결국 버스 회사는 도산 위기를 맞았다.

마침내 1956년 11월 13일 연방 최고재판소가 '버스에서의 인종 분리는 위헌'이라는 판결을 내리고 이를 12월 20일 몽고메리시 당국에 통달하면서 운동은 흑인들의 전면 승리로 막을 내렸다. 이 저항 운동의 성과에 대해 킹 목사가 '이것은 흑인만의 승리가 아니다. 정의와 양심의 승리다'라고 말한 것처럼 버스 승차 거부 운동을 승리로 이끈 흑인 민중들은 백인이 이 문제를 인종 문제로 여긴 것과 대조적으로 어디까지나 인간의 존엄에 관한 문제—미국의 헌법 이념을 바탕으로 모든 미국인이 마땅히 누려야 할 자유, 평등, 정의를 위한 시민적 권리의 문제로 받아들였다. 이 투쟁이 공민권 운동이라고 불리는 이유이다.

몽고메리의 버스 승차 거부 운동은 흑인 민중들이 이미 역사를 움직일 힘을 가지고 있다는 사실을 국내외에 분명히 알리는 계기가 되었다. 동시에 그것은 킹 목사의 비폭력 저항 주의를 바탕으로 한 민중의 직접 행동이 그후의 공민권 운동에 유효한 무기라는 것도 널리 알렸다. 그리고 이듬해인 1957년 킹 목사의 사상을 토대로 새로운 흑인 해방조직인 남부 기독교 지도자 회의(Southern Christian Leadership Conference, 이후 SCLC로 표기)가 결성되었으며 킹 목사가 초대 의장으로 선출되었다.

인종 공학을 둘러싼 진보와 반동

이를 기점으로 공민권 운동의 영역과 역량은 급속히 신장하였다. 한편, 남부의 백인 권력층은 일반 백인 군중을 끌어들여 전진하는 역사의 수레바퀴를 거꾸로 되돌리기 위해 필사적이었다.

몽고메리에서 버스 승차 거부 운동이 개시된 지 3개월이 지난 무렵 버지니아주의 상원의원 해리 F. 버드Harry

Flood Byrd 등은 흑백 공학共學을 결사반대하는 '대규모 저항'을 호소하고 여기에 호응한 남부에서 선출된 국회의원 101명(상원의원 19명, 하원의원 82명)이 1956년 3월 12일 앞서 이야기한 최고재판소의 '브라운 판결'에 항의해 '헌법상의 모든 원칙에 관한 선언The Declaration of Constitutional Principles' 이른바 '남부 선언Southern Manifesto'에 서명했다, 그들은 최고재판소의 판결이 '외부의 선동자'들에 의한 '명백한 사법권 남용'이며 '합중국 헌법에 위배된다'라고 단언하고 남부 전체가 인종 통합에 저항할 것을 결의했다. 또 이 무렵 회원 수가 대략 30만 명에 달했던 백인 시민회의는 앨라배마주, 루이지애나주, 미시시피주 등에서 KKK와 결탁해 왕성한 반흑인 인종차별 활동을 전개했다.

'남부 선언'이 등장하기 한 달 전쯤, 앨라배마주 터스컬루사에 있는 앨라배마대학교에서 최초로 공학 문제를 둘러싼 파문을 일으켜 전미의 이목을 집중시킨 이른바 오서린 루시Autherine Juanita Lucy 사건이 일어났다. 루시는 NAACP 등의 후원으로 2월 3일, 3년여에 걸친 법정 투쟁 끝에 앨라배마대학교 입학 허가를 받은 흑인 학생이었다. 그런 그녀가 막상 교문을 들어서자 이내 학교 안은 술렁이기 시작했다. 다행히 그날 오후는 아무 일 없이 지나갔다. 그러나 밤이 되자 다수의 학생이 '검둥이를 학교에서 추방하라'며 소란을 피우고 KKK는 예의 그 이상한 흰색 가운을 두르고 십자가를 불태웠다. 다음 날, 소란은 더 크게 번지고 마을은 폭도들로 가득 넘쳤다. 사흘째가 되자 루시의 등교를 막기 위해 학생 500여 명과 일반 폭도들까지 모여들었다. 그녀는 경관의 호위를 받으며 교실을 빠져나와 차에 올랐지만, 폭도들이 던진 돌과 곤봉에 차창이 산산조각나면서 간신히 위험을 벗어날 수 있었다. 명백한 인종 폭동이었다.

이런 상황에서 루시가 등교할 수 있었던 것은 고작 사흘뿐이었다. 대학 당국은 그녀의 통학을 보장하는 단호한 수단을 강구하는 대신 '루시의 안전을 위해서'라며 오히려 그녀에게 휴학을 통보했다. 이런 부당한 조치에 반발한 그녀는 앨라배마주 연방 재판소에 복학을 요구하는 소송을 제기했으며 재판소는 그녀의 주장을 전면적으로 인정하는 판결을 내렸다. 하지만 대학 당국은 루시가 '거짓 폭언으로 대학을 비난했다'라는 이유로 그녀를 퇴학시켜버렸다.

이런 사태에 대해 다가오는 대통령 선거에서 재선을 노리던 드와이트 D. 아이젠하워 대통령은 수수방관하는 태

도로 일관하며 어떤 적극적인 조치도 취하지 않았을 뿐
아니라 '국민 감정에 관련한 문제에서는 법을 성급하게
실시해서는 안 된다. 조급함이 오히려 화를 부른다'며 인
종주의자들의 행동을 변호하는 발언까지 했다. 그런 만
큼 오서린 루시의 '사흘간의 등교'는 몽고메리의 버스 승
차 거부 운동의 성공과 함께 미국 전역의 흑인들에게 용
기를 주었을 뿐 아니라 많은 백인의 양심을 깨우고 특히
대학생을 중심으로 한 젊은 세대에 큰 영향을 미쳤다.

그러던 중 재선에 성공한 아이젠하워 대통령의 '방관
적 태도'가 더는 용인되지 않는 이상 사태가 이듬해 아
칸소주의 리틀록에서 발생했다. 워싱턴의 국회에서는
1957년 8월 29일 재건기 이후 최초로 투표권에 관한 공
민권법이 하원을 통과했지만, 남부의 인종 공학은 좀처
럼 진전을 보이지 않았다. 당시 이미 버스에서의 인종 분
리를 폐지했던 리틀록에서는 재판소의 명령에 따라 시
교육 위원회가 뽑은 학업이 우수한 흑인 학생 9명(남학생
3명, 여학생 6명)을 지금까지 2,000명의 백인 학생들만 다니
던 리틀록 센트럴 고등학교(이하 리틀록 고교)에 입학시키기
로 결정하고 준비하던 중이었다.

과거 50년간 전례가 없던 3선 도전에 힘을 쏟고 있던

오발 E. 포버스Orval E. Faubus 주지사는 이 문제를 유권자들에게 강하게 어필해 이듬해 주지사 선거를 유리하게 이끌기 위해 신학기가 시작되기 전날인 9월 2일 '만약 내일 인종 공학이 강제적으로 실시된다면 이 지역의 평화와 질서를 유지할 수 없다'는 성명을 발표하고 250명의 무장한 주 방위군을 동원해 리틀록 고교를 포위하는 강경책을 취했다. 이들 주 방위군의 임무는 사실상 지역의 평화와 질서 유지가 아니라 흑인 학생의 등교를 무력으로 저지하는 것이었다.

다음 날인 9월 3일 학부모와 목사들과 함께 등교한 흑인 학생 8명을 기다리고 있던 것은 무장한 주 방위군뿐 아니라 포버스 지사의 이런 조치에 자극받아 각지에서 모인 수많은 백인 군중이었다. 그들의 매도와 폭력적인 위협 앞에 흑인 학생 8명은 등교를 포기하고 집으로 돌아갈 수밖에 없었다. 하지만 이 학생들과 연락이 되지 않아 혼자 등교한 15세의 엘리자베스 엑포드Elizabeth Eckford는 순식간에 '검둥이를 죽여라' 등의 노성을 쏟아내는 군중에 둘러싸여 위험한 순간을 맞던 중 한 백인 여성의 도움으로 가까스로 위기를 벗어날 수 있었다.

흑인 학생들은 여전히 등교할 수 없었다. 헌법에 보장

된 국민의 권리와 법원의 명령을 유린한 포버스 지사의 이런 행태에 아이젠하워 대통령도 대책을 강구하지 않을 수 없게 되었다. 9월 중순, 뒤늦게 주지사를 만난 대통령은 그가 자신의 진의를 이해하고 서둘러 사태 수습에 나설 것으로 생각했다. 하지만 포버스 지사는 교묘히 대통령을 배신했다. 그는 주 방위군을 철수시켰지만 대신 백인 군중들이 전보다 더 거칠게 흑인 학생들을 저지할 수 있는 무정부 상태를 만드는 데 성공했다. 일촉즉발의 긴장감이 감도는 가운데 등교한 흑인 학생 9명이 정문이 아닌 옆문을 통해 학교 건물로 들어간 것을 알게 된 군중들이 폭도로 변해 교내로 밀려들면서 학교는 인종 폭동의 아수라장으로 변하고 말았다. 폭도들은 '검둥이를 학교에서 추방하고 정글로 돌려보내라'는 등의 고성을 지르며 흑인 학생들을 따라온 부모와 관계자에게 위해를 가했을 뿐 아니라 흑인 기자 3명 중 한 사람의 머리를 벽돌로 강타해 길에 쓰러뜨렸다.

이 폭동이 언론을 통해 나라 안팎에 알려지자 아이젠하워 대통령도 늦게나마 결연한 조처를 하지 않을 수 없었다. 9월 24일 대통령은 아칸소주의 주 방위군을 연방군에 편입하는 동시에 제101 공수사단에 출동을 명하고 국민을 향해 '리틀록 파병은 국민에게 보장된 권리를 수호하기 위해서이며 법원의 결정이 이행되면 연방군은 철수할 것이다'라고 호소했다.

그러자 포버스 주지사는 '주민 여러분, 우리의 땅이 외부인들에 의해 점령당했다. 우리가 경애하는 신이여, 우리가 존중하는 자유여, 우리가 사랑하는 예절이여, 미국은 이제 어떻게 될 것인가'라며 분노에 떨었지만, 다음날인 25일 연방군 1,000명의 보호 속에서 흑인 학생 9명은 마침내 교문을 통과해 리틀록 고교에 입학할 수 있었다. 리틀록 고교의 첫 흑인 졸업생이 된 어니스트 그린Ernest Green은 당시를 회상하며 '우리는 학교 계단을 한 걸음씩 올라갔다. 총을 찬 연방군의 보호를 받으며⋯⋯. 꿈이 아니었다, 드디어 학교에 갈 수 있다는 생각이 들었다. 계단을 오르며 그때까지 느껴본 적 없는 최고의 기쁨을 맛보았다'라고 말했다.

공학 문제를 둘러싼 진보와 반동의 투쟁은 그 후로도 루이지애나주의 뉴올리언스와 그 밖의 지역에서 여러 차례 전개되었다. 흑인들은 격렬한 투쟁을 통해 한 걸음 한 걸음 승리를 향해 나아갔지만 1962년 9월 30일 미시시피주 옥스퍼드에 있는 미시시피대학교에서 과거 한국전쟁

참전 용사 제임스 메러디스James Meredith의 입학을 둘러싸고 발생한 사망자 2명과 다수의 중경상자를 낸 대규모 인종 폭동은 미국 안팎에 리틀록 고교 사건 이상의 충격을 안겨주었다.

인종차별 폐지에 적극적인 태도를 보였던 존 F. 케네디 대통령(1961년 취임-역주)에게도 이 사건은 큰 시련이었다. 내전에 버금가는 수준으로까지 격화된 폭동은 당시 사법 차관보조차 '남북전쟁 최후의 잔불'이라고 말했을 정도였다. 이번에도 뼛속까지 백인 우월주의자였던 로스 R. 바넷Ross Robert Barnett 주지사의 완고하고 집요한 저항과 많은 인종주의자의 방해에도 불구하고 메러디스는 대학 입학을 쟁취하고 이듬해인 1963년 8월 미시시피대학교를 졸업했다. 그 후, 메러디스는 열렬한 공민권 운동 활동가가 되었다.

'워싱턴 대행진'에 참가하기 위해 전국 각지에서 모인 대규모
군중(링컨 기념관에서 워싱턴 기념탑을 바라본 모습)

9. 흑인 혁명

런치 카운터 연좌 운동

1960년 1월 31일, 노스캐롤라이나주 그린즈버러에서 4명의 흑인 청년들이 주도한 새로운 형태의 인종차별 철폐 투쟁이 시작되었다. 백인 청년을 비롯한 학생층을 중심으로 남부 전역에 퍼진 이 운동의 기폭제가 된 흑인 청년들은 노스캐롤라이나 농공대학의 학생이었다.

어느 날 오후, 버스 터미널의 한 식당에서 여느 때처럼 '흑인 주문 사절' 취급에 인내심의 한계를 느낀 조셉 맥닐Joseph McNeil은 그날 밤 기숙사에서 평소 인종차별에 강하게 반발했던 친구 에젤 블레어Ezell Blair, 프랭클린 맥케인 Franklin McCain, 데이비드 리치먼드David Richmond 등과 이 문제에 대해 진지하게 이야기를 나누었다.

밤늦게까지 토론을 이어가던 그들은 한 가지 결론에 도달했다. 전미 각지에 지점을 둔 대형 잡화 체인점 울월스 매장 안에 있는 백인 전용 런치 카운터에 앉아 음식을 주문하고 요구가 받아들여질 때까지 자리를 떠나지 않는 계획을 실행하기로 한 것이다. 다음 날인 2월 1일 그들은 곧장 이 계획을 실행에 옮겼다. 오후 4시 반경, 매장 안으로 들어간 흑인 학생 4명은 치약과 그 밖의 일용품을 사고 '흑인 금지' 카운터 석에 앉아 당당히 커피와 도넛을 주문했다.

그들이 요구한 것은 단지 커피와 도넛이 아니었다. 이들의 행동은 오랫동안 이 도시에서 이루어진 인종 관행뿐 아니라 백인 우월 = 흑인 멸시 의식에 근거한 남부의 전통적 가치관에 대한 정면 도전이자 시민적 불복종의 실천이었다. 그만큼 중대한 결의와 용기가 필요했다. 그 후의 반응은 역시 그들이 예상한 대로였다. 점원에게 사정을 듣고 달려온 점장과 4명의 학생이 이야기를 주고받는 동안 사람들이 몰려들어 주변을 에워쌌다. 온갖 욕설이 난무하고 침을 뱉거나 폭력을 행사하는 사람도 있었지만, 그들은 묵묵히 견디며 폐점 시간까지 그 자리에 그대로 앉아 시종일관 비폭력 저항을 관철했다. 다음 날인 2월 2일에는 그들 외에도 농공대학교 동기 23명과 베넷대학교 여학생 4명이 동참해 같은 항의 행동을 되풀이했다.

다음 날 또 그다음 날에도 여러 대학에서 온 백인 학생들까지 동참한 이 항의 운동의 규모는 날이 갈수록 빠르게 확대되었으며 울월스뿐 아니라 크레스 등 다른 식당의 런치 카운터에서도 항의 행동이 전개되었다. 누구 한 사람 주문한 커피를 받지 못했지만 그런데도 학생들은 꿋꿋이 자리를 지켰다. 2월 7일 밤에 열린 항의 집회에는

1,600명에 이르는 학생들이 모였다. 그리하여 그린즈버러의 '커피 파티 사건'은 1960년대 '흑인 혁명'의 전초전이자 200년도 더 된 독립 혁명기에 보스턴에서 일어난 '티 파티 사건'과 비견될 만큼 중요한 역사적 역할을 하게 되었다.

연좌 농성sit-in demonstration이라고도 불린 이 운동은 2월 10일이 되자 그린즈버러에서 그리 멀지 않은 주도 롤리로 번져 43명이 체포되기도 했지만, 학생들의 왕성한 활동이 계속되며 어느새 남부 전역으로 파급되었다. 2월 25일에는 앨라배마주 몽고메리에 있는 앨라배마 주립대학교의 학생이 재판소 안에 있는 식당에서 항의 행동을 시작했으며 27일에는 테네시주의 주도 내슈빌에서 울월스를 비롯한 5곳의 식당 런치 카운터에 앉아있던 피스크대학과 다른 4곳의 흑인 대학 그리고 밴더빌트대학 등의 백인 학생을 포함한 다수 학생이 폭도로 변한 백인 군중들에게 공격받는 사건이 발생했다. 당시 경관은 그들의 폭행을 제지하기는커녕 대부분 흑인이었던 100여 명의 학생을 체포해 유치장에 가두었다. 이런 식으로 4월까지 남부의 80여 곳의 도시가 이 운동에 휩쓸려 학생 2,000명이 체포되었다.

그러던 중 남부 기독교 지도자회의SCLC의 지원 특히,

엘라 베이커Ella Josephine Baker의 열정적인 주선으로 4월 15일부터 노스캐롤라이나주 롤리에 있는 쇼대학교에 50곳 이상의 대학교(북부 대학교와 몇몇 고등학교를 포함한다)에서 온 대표 약 200명이 모여 회의를 열고 학생 비폭력 조정 위원회(Student Non-Violent Coordinating Committe, 일반적으로 SNCC 라고 부른다)를 결성했다. SNCC는 그 명칭에서도 알 수 있듯 비폭력에 의한 대중적 직접 행동을 통해 인종차별 철폐 투쟁을 전개하는 각 대학생 그룹의 포괄 조직이다.

이렇게 금세기 초반에 결성된 전통적인 흑인 해방 단체 NAACP(176쪽 참조)와 NUL(179쪽 참조) 그리고 제2차 세계대전 중인 1942년 비폭력 저항주의의 기치 아래 인종차별에 반대하는 인종평등회의(Congress of Racial Equality, 일반적으로 CORE라고 줄여서 표기한다)와 그 후 버스 승차 거부 운동 과정에 탄생한 SCLC(205쪽 참조)와 함께 1960년대의 공민권 운동을 대표하는 5대 해방 조직이 한 자리에 모였다.

이후 SNCC는 SCLC를 비롯한 이들 조직과 연대해 점점 격렬해지는 인종차별 철폐 투쟁 특히 학생층이 중심이 된 청년 운동에서 지도적 역할을 하게 된다. SNCC의 활동가들은 런치 카운터뿐 아니라 인종차별을 하는 다양한 장소에서의 항의 행동—이를테면 해수욕장, 영화관,

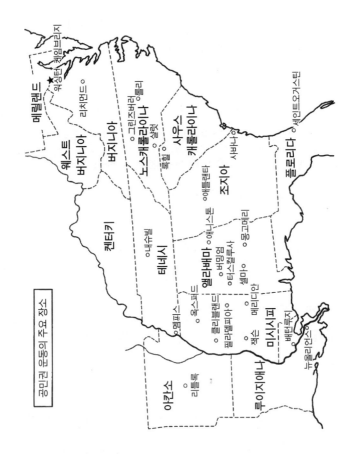

공민권 운동의 주요 장소

메릴랜드
워싱턴 ★ 케임브리지
웨스트 버지니아
버지니아
리치먼드 ○
그린즈버러
노스캐롤라이나
더럼
샬럿
사우스 캐롤라이나
컬럼
플로리다
세인트오거스틴
켄터키
테네시
내슈빌 ○
애틀랜타
조지아
사바나
엘라배마
애니스턴 ○
버밍엄
터스컬루사
몽고메리
셀마 ○
머리디언
멤피스
옥스퍼드
그리블랜드
필라델피아
잭슨
미시시피
매틴루지
아칸소
리틀록
뉴올리언스 ○
루이지애나

공원, 도서관, 교회, 형무소 등—을 전개했다.

런치 카운터 운동으로 돌아가면, 1961년 9월까지 3,600명이 체포되었지만 최소 7만 명의 흑인과 백인 학생들이 이 운동에 참가했으며 학부모들도 불매 운동을 펼쳐 그들을 지원했다. 그로 인해 다수의 식당 런치 카운터가 문을 닫으면서 기업에도 큰 손실을 안겨주었다. 결국 각지의 런치 카운터에서 점차 인종차별이 폐지되었다. 동시에 학생들이 시작한 이 운동은 NAACP, NUL, CORE 등의 오랜 조직에 새로운 활력을 불어넣는 역할을 했다.

자유를 위한 승차 운동

버스 승차 거부 운동부터 런치 카운터 연좌 운동까지 공민권 투쟁이 점차 격렬해지는 가운데 전국적으로 하나의 운동이 또 다른 새로운 운동을 탄생시키는 사회 상황이 조성되고 있었다. 프리덤 라이드Freedom Ride라고 불린 '자유를 위한 승차 운동'은 그런 연쇄 반응으로 시작되었다.

1961년 초반, 당시 NAACP의 기획부장을 맡고 있던 제임스 파머James Farmer가 20여 년 전 본인이 직접 결성에 참여한 CORE의 의장으로 취임했다. 학생들의 연좌 운동과 그 투쟁 과정에서 탄생한 SNCC의 활동에 강한 자극을 받은 파머는 침체 분위기였던 CORE의 활성화를 목적으로 취임 직후인 3월 13일 주 경계를 넘어 운행하는 장거리 버스의 차내는 물론 버스 터미널의 모든 시설에서 인종 분리를 금지한 3개월 전 최고재판소의 판결(보스턴 대 버지니아 사건)이 실제 어느 정도 지켜지고 있는지 알아보기 위해 수도 워싱턴에서부터 루이지애나주 뉴올리언스까지 직접 버스를 타고 이동하는 운동을 제안했다.

참가자들은 언제, 어떤 상황에서든 비폭력주의로 맞서고 경찰에 체포되더라도 보석금 등을 내지 않고 석방될 때까지 감방에 머물기로 했다. 그러나 이동 중 특히 디프 사우스에서 과격한 인종주의자들의 방해가 있을 것으로 판단한 CORE의 지도부는 4월이 되자 미리 존 F. 케네디 대통령, 법무성 및 연방 수사국FBI, 관련 버스 회사 등에 만일의 사태에 대비해 보호를 요청하는 편지를 보냈지만 답장을 한 통도 받지 못했다.

5월 4일, 여성 2명을 포함한 흑인 7명과 백인 6명으로 구성된 13명의 '자유의 기수들(Freedom Riders, 그중 4명이 파머와 함께 CORE의 회원이었으며 존 루이스를 비롯한 다른 흑인들은 대부분 연좌 운동의 학생 활동가였다. 그 외의 백인은 평화주의 단체나 사회주의 조직에서 온 참가자였다)'은 그레이하운드사와 트레일웨이즈사의 버스 2대에 나눠 타고 흑인이 앞 좌석, 백인은 뒷좌석에 앉아 워싱턴에서 남부 지역을 향해 출발했다.

버스는 리치먼드, 피터스버그, 린치버그 등을 거쳐 버지니아주에서 노스캐롤라이나주로 들어갔다. 연좌 운동의 발상지 그린즈버러를 지나 5월 8일 살럿에서 1명이 체포되었지만, 다음 날인 9일 사우스캐롤라이나주 록힐에 도착할 때까지는 흑인이 백인용 화장실을 사용하거나 백인이 흑인용 대합실에 들어가도 별다른 소동 없이 비교적 평온한 여행이 계속되었다. 하지만 록힐의 그레이하운드사 버스 터미널에서 20명의 폭도가 '기수들'을 기다리고 있었다. 내슈빌의 연좌 운동 활동가로 이미 다섯 차례나 체포된 적이 있던 21세의 존 루이스가 먼저 백인용 대합실로 다가가자 가죽 재킷을 입고 덕 테일 스타일의 머리를 한 백인 청년들이 대합실 입구 앞을 가로막고 서서 '검둥이! 여기는 네가 올 곳이 아니다'라고 외치며 몽둥이로 그를 내리쳐 쓰러뜨렸다. 루이스의 뒤에 있던 평화주의자 앨버트 비글로Albert Bigelow도 3명의 거친 남자들의 공격을 받았다. 그들과 함께 있던 한 여성 '기수'가 길에 쓰러지자 이들의 폭행을 방관하던 경관이 그제야 백인 폭도들을 제지하고 '기수들' 전원이 백인용 대합실로 들어갈 수 있었다.

하지만 록힐에서 남쪽으로 37마일 거리의 윈즈버러에서는 백인용 식당에서 음료를 주문하려던 CORE의 제임스 펙James Peck과 흑인 학생 헨리 토머스Henry Thomas가 경찰에 체포되었다. 버스는 계속해서 캠던을 지나고 사우스캐롤라이나주를 우회해 조지아주로 들어간 후 오거스터, 애선스를 거쳐 13일 애틀랜타에 도착했다. '기수들'은 이곳에서 하룻밤 묵으며 인원을 재편성하고 더 큰 위험이 예상되는 앨라배마주와 미시시피주 여행을 준비했다.

5월 14일 일요일, 그날은 어머니의 날이었다. 애틀랜타에서 출발해 앨라배마주로 들어간 그레이하운드사의 버스는 타이어 펑크로 애니스톤 근교에 정차했다. 그때 갑자기 몽둥이와 쇠 파이프, 타이어체인으로 무장한 폭도 무리가 버스를 에워쌌다. 유리창이 깨지고 화염병이 날아왔다. 버스 안은 짙은 연기로 가득 찼다. '기수들'은 불길 속에서 폭도들의 폭행을 피해 정신없이 버스를 탈출했다. 순식간에 불길에 휩싸인 버스는 이내 시커먼 철골로 변했다. 경찰은 애초에 그들을 도와줄 생각이 없었다. 결국 '기수들'은 버밍엄에서 15대의 '차량 부대'를 이

끌고 달려온 프레드 L. 셔틀스워스Fred L. Shuttlesworth 목사에 의해 구출되었다.

한편, 트레이웨일스사의 버스는 1시간가량 늦게 애니스톤에 도착했다. 그때 불량해 보이는 남성 8명이 버스에 올라타 앞 좌석에 앉아있던 흑인 학생에게 과거의 '흑인용 뒷좌석'으로 옮길 것을 요구했다. 학생들이 단호히 거절하자 그들은 다짜고짜 폭력을 행사하기 시작했다. CORE의 제임스 펙과 61세의 퇴직 교사 월터 버그먼Walter Bergman이 나서서 그들을 설득하려고 했지만, 펙을 때려눕힌 그들은 버그먼의 머리도 강타해 중상을 입혔다. '승객들'은 어쩔 수 없이 모두 뒷좌석으로 자리를 옮기고 버스는 그대로 버밍엄으로 향했다.

이 버스가 버밍엄의 터미널에 도착했을 때 이미 플랫폼 쪽 보도에서 KKK 단원을 포함한 40명의 폭도가 몰려들고 있었다. '불(Bull, 황소)' 코너라고도 불렸던 백인 우월주의자 유진 T. 코너Eugene T. Connor가 서장으로 있던 버밍엄 시경 본부는 그곳에서 불과 2블록 정도 떨어진 거리에 있었다. KKK와도 은밀히 연락하던 코너 서장은 그날 폭동이 일어나리라는 사실을 미리 알고 있었지만 아무런 조치도 취하지 않고 주변에는 경관 1명 보이지 않았다. '기수들'이 버스에서 내려 대합실 쪽으로 걸어가자 쇠 파이프를 든 청년들이 그 뒤를 쫓았다. '기수들'은 정연히 백인용 대합실로 들어가 곧장 런치 카운터로 향했다. 그 순간, 공격이 시작되었다. '기수들'의 이런 행동에 격분한 폭도들은 그들을 거리 뒤편으로 내몰고 심한 폭행을 가했다. 그중에서도 제임스 펙은 6명의 남자들에게 쇠 파이프로 공격당했다. 정신을 잃고 피투성이 상태로 길에 쓰러져 있던 펙은 병원으로 옮겨져 머리를 53바늘이나 꿰매야 했다. 경관이 현장에 나타났을 때 폭도들은 이미 차를 타고 도망간 후였다.

코너 서장은 이 문제에 관한 질문에 '경찰이 제때 도착하지 못한 것은 하필 그날이 어머니날이라 다들 자리를 비웠기 때문'이었다며 천연덕스럽게 대답했다. 또 앨라배마주의 존 패터슨John Patterson 지사는 사건 직전 '내겐 남의 집 쓰레기통을 뒤엎는 선동자를 지킬 의무가 없다. 다른 지역에서 와 소동을 일으킬 생각이라면 처음부터 도움 따위 기대해선 안 된다. 그들은 끊임없이 경찰을 비판하면서도 경찰에 보호를 요청한다. 그런 겁쟁이들의 안전은 보장할 수 없다'라고 공언했다.

이런 상황에서도 '자유를 위한 승차 운동'의 추진자들

은 새로운 진형을 꾸려 다음 날 오후 버밍엄에서 주도 몽고메리로 출발할 준비를 했다. 그러나 그들을 태워줄 버스 기사를 찾는 일은 거의 불가능에 가까웠다. 그런데도 '기수들'은 플랫폼에서 버스를 기다렸다. 그 사이에도 폭도들은 또다시 그들 주위로 몰려들었다. '기수들'은 백인용 대합실로 들어갔다. 시시각각 닥쳐오는 위험을 느낀 그들은 결국 버스 여행을 중단하고 법무성에서 준비한 비행기를 타고 뉴올리언스로 가 7년 전 5월 17일 최고재판소가 내린 역사적인 판결(공립학교에서의 흑백 분리를 위헌이라고 판결한 1954년의 '브라운 판결')을 기념하는 대중 집회에 참여하는 것으로 계획을 변경했다.

그날 밤 늦게 '기수들'을 태우고 버밍엄을 출발한 비행기는 한밤중에 뉴올리언스에 착륙했다. 이렇게 CORE에 의해 개시된 '자유를 위한 승차 운동'은 그 첫 번째 막을 내렸다.

하지만 폐막과 동시에 제2막의 막이 올라가고 있었다. 그간의 비상사태를 주의 깊게 지켜보던 내슈빌과 애틀랜타의 SNCC 지도자들은 서둘러 연락을 주고받으며 여기서 운동을 중단하면 비폭력이 폭력에 굴한 것이 되기 때문에 '자유를 위한 승차 운동'을 자신들의 손으로 이어받아 비폭력 저항의 위엄을 계속해서 보여주어야 한다는 결론에 도달했다. 학생들은 바로 행동을 개시했다. 5월 20일 아침, 몽고메리로 여행을 떠나기 위해 버밍엄의 버스 터미널에 모인 새로운 '기수들'은 연좌 운동의 여성 투사 다이앤 내쉬Diane Nash가 이끄는 내슈빌에서 온 17명을 중심으로 애틀랜타에서 온 여성 활동가 루비 도리스 스미스Ruby Doris Smith와 존 루이스, 헨리 토머스를 포함한 제1차 '기수들' 수 명이 가세해 총 21명으로 편성되었다.

이 무렵에는 케네디 정권도 어떻게든 대책을 세우지 않을 수 없었다. 로버트 F. 케네디Robert F. Kennedy 법무장관은 전날 대통령과 의논해 존 시겐설러John Seigenthaler 법무장관보를 급거 몽고메리 특사로 파견했다. 그는 현시점에서 연방 정부가 개입할 생각이 없으므로 앨라배마주가 책임 있게 사태 수습에 나서달라고 패터슨 주지사에게 강력히 요청했지만, 주지사는 시종일관 모호한 태도를 취했다. 하지만 시겐설러 특사의 열의에 감동한 주 보안국장 플로이드 만Floyd Mann이 주지사 대신 법과 질서를 유지하고 새로운 '기수들'을 보호할 것을 약속했다. 이렇게 버밍엄을 출발한 버스는 오후 무렵 몽고메리에 도착했다.

당시의 모습에 대해 루비 도리스 스미스는 '여러 대의

경찰차가 우리가 탄 버스를 따라오고 하늘에는 헬리콥터도 날고 있었다. 그런데 버스가 몽고메리 시내로 들어간 순간 그들은 모두 사라져버렸다. 주위에는 경관 한 사람 보이지 않았다'라고 이야기했다. 존 루이스도 '몽고메리에 가까워질수록 헬리콥터와 경찰차가 사라지더니 버스 터미널에 도착했을 때는 적막한 분위기마저 감돌았다. 묘하게 조용하고 평화롭기까지 했다. 택시는커녕 다른 버스도 보이지 않았다. 인기척조차 느껴지지 않았다'고 이야기했다.

그런 기이한 정적을 깨뜨리며 주변의 모든 건물에서 곤봉과 쇠 파이프를 든 수많은 사람이 쏟아져 나왔다. 그들이 '검둥이를 해치우자! 검둥이를 죽여라!'라고 외치며 버스를 향해 몰려든 것은 '기수들'이 버스에서 내리기 직전의 일이었다. 여성과 아이들까지 섞여 있던 백인 무리는 금세 300명의 폭도로 변해있었다. '갑작스런 이변'에 놀란 '기수들'은 멈칫했다. 무슨 일이 일어날지 불 보듯 뻔했기 때문이다. 하지만 '기수들'은 지금이야말로 비폭력 저항의 진가를 발휘해야 할 때라고 결심하고 백인용 앞쪽 승강구를 통해 차에서 내리기 시작했다.

가장 먼저 버스에서 내린 것은 백인 학생 제임스 즈위

그Jim Zwerg였다. 그의 모습을 백인 여성 여럿이 '검둥이에 홀린 시궁쥐 같은 놈, 해치워라!'라고 날카롭게 외치며 폭도들을 부추겼다. 그러자 격노한 청년 무리가 즈워그에게 달려들어 주먹과 곤봉으로 그를 마구 때리고 피투성이가 된 그를 보도에 내동댕이쳤다. 그가 간신히 몸을 일으키자 이번에는 다른 폭도들이 달려들어 아스팔트 도로 위에 그의 얼굴을 짓눌렀다. 즈워그는 의식을 잃어가는 중에도 팔 한 번 휘두르지 않고 끝까지 비폭력 저항을 관철했다. 2시간 넘게 도로에 방치된 후 가까스로 구급차에 실려 병원으로 옮겨진 그는 만신창이가 된 몸으로 침대에 누워 기자의 질문에 답했다. '우리는 자유를 위한 승차 운동을 계속할 것이다. 설령 내가 가지 못한대도 동료들은 반드시 목적지인 뉴올리언스에 도착할 것이다. 우리는 이 운동에 목숨을 걸었다. 인종차별은 반드시 폐지되어야 한다.'

존 루이스를 비롯한 다른 여러 '기수들'도 폭도들에게 구타를 당했지만, 이 유혈 사태에 휘말린 것은 그들만이 아니었다. 《타임 라이프 뉴스》의 기자 노먼 리터Norman R. Ritter는 다른 신문기자를 도우려다 폭도들의 공격을 받았다. 그뿐만이 아니다. 당시 폭동 현장에 있던 시겐설러 특사도 부상자를 자신의 차에 태우려다 갑작스러운 가격에 의식을 잃고 길에 쓰러졌다. 마침내 경관 무리가 도착하고 그가 경찰차에 실려 병원으로 옮겨진 것은 그로부터 25분이 지난 후였다. 이미 3,000명이 넘는 폭도들이 거리를 가득 메운 상황이었다. 경찰이 출동한 후로도 폭력 행위는 잦아들지 않았다. 패터슨 지사를 대신해 법과 질서 유지를 약속한 주 보안국장 플로이드 만의 노력은 인종주의자였던 주지사에 의해 완전히 짓밟혔다. 이 생생한 참상은 금세 합중국뿐 아니라 전 세계의 주목을 받았다.

케네디 대통령은 성명을 통해 '심각한 우려를 불러일으키는' 상황이라고 말하며 앨라배마주 당국이 더 이상의 폭동 발생을 막고 조속한 사태 수습을 위한 만반의 조치를 강구할 것을 강력히 요구하는 동시에 연방 정부도 전력을 기울여 '책임을 다할 것'이라고 전 국민 앞에 약속했다. 로버트 케네디 법무장관은 곧장 연방 보안관 600명과 FBI 특별반을 현지로 파견해 KKK 등의 반흑인 조직을 단속하도록 했다.

한편, 상처를 치료하며 하룻밤을 보낸 '기수들'은 다음 날인 5월 21일 저녁부터 랠프 애버내시 목사의 제1침례

교회에서 1,200명이 넘는 흑인과 소수의 백인이 모인 대중 집회에 참석했다. '자유를 위한 승차 운동'을 지원하고 이번 인종 폭동을 격렬히 규탄한 이 날의 대규모 집회에는 저명한 흑인 목사들도 다수 참가했다. '기수들'은 손을 맞잡고 '다시 한번 힘을 모아!' '자유를 위해!'라고 맹세했다. 교회 밖에서는 또다시 백인 폭도들이 몰려와 교회 문에 빈 병과 돌을 던지기 시작했지만 연방 보안관이 지키고 있었기 때문에 큰 참사로 번지지는 않았다.

학생들은 '자유를 위한 승차 운동'을 이어가기 위한 계획을 착실히 준비했다. 그들이 몽고메리에 머무는 동안 내슈빌, 애틀랜타, 뉴올리언스, 워싱턴, 뉴욕에서 속속 새로운 학생들이 도착했다. 이번에는 앨라배마주와 미시시피주에서도 연방 정부의 강한 압력을 받아 연방 보안관과 함께 그들을 경호하기로 했다. 5월 24일 이른 아침, 총 27명의 제3차 '기수들'은 연방 보안관이 도로 양옆을 지키는 가운데 두 대의 버스에 나눠 타고 첫 번째 그룹(흑인 11명과 백인 1명)이 몽고메리를 출발해 미시시피주 잭슨으로 향했다. 이번 잭슨 행은 흡사 군사 행동과 같은 삼엄한 분위기 속에서 이루어졌다. 버스에는 보도 관계자들 외에도 총검을 소지한 앨라배마주 방위군까지 함께 타고 이동했다. 하늘에서는 비행기 3대와 헬리콥터 2대가 감시하고 도로에서는 순찰차가 요란한 사이렌을 울리며 빈번히 오갔다. 마침내 주 경계를 넘어 미시시피 주로 들어서자 경호는 미시시피주 방위군에 인계되었다.

버스가 잭슨 시내로 들어서자 '기수들' 사이에서 노랫소리가 흘러나왔다.

장거리 버스 앞자리에 걸터앉아
잭슨에 도착했다네
할렐루야 여행은 계속된다네
할렐루야 최고의 기분
자유의 도로를 여행한다네

드디어 버스는 잭슨의 터미널에 도착했다. '기수들'은 힘차게 플랫폼에 발을 내디뎠다. 그들이 나란히 백인용 대합실로 들어서려는 순간 경호를 맡은 경관들이 그 자리에서 모두를 체포했다. 이유는 치안 방해와 경관의 명령에 대한 불복종이었다.

이번에는 폭도가 아니라 경관들이 '기수들'을 체포하기 위해 기다리고 있었다. 폭도들의 폭동을 막는 대신 '기수들'이 도착하면 경관이 그들을 체포한다는 '신사협정'이 미시시피주에서 선출된 제임스 O. 이스트랜드James O. Eastland 상원의원과 케네디 법무장관 사이에 사전 약속된 것이다. 이것이 백인 우월주의자 이스트랜드 상원의원과 로스 R. 바네트Ross R. Barnett 주지사가 권력을 쥐고 있는 미시시피주의 방식이었다. 바네트 주지사는 '흑인은 우리 백인과는 다르다. 신이 흑인을 벌하기 위해 그들을 백인과 다른 모습으로 만드신 것이다'라고 거리낌 없이 공언한 인물이다.

뒤이어 도착한 제임스 파머를 포함한 두 번째 그룹도 첫 번째 '기수들'과 똑같은 '마중'을 받았다. 체포된 '기수들' 전원이 집행유예 2개월과 벌금 200달러를 선고받았다. 그들은 벌금을 내는 것보다 감방에 들어가기를 원했기 때문에 재판소 맞은편의 하인즈 지구 감방에 연행되었다.

이렇게 2차에 걸친 '자유를 위한 승차 운동'은 애초 계획대로 최종 목적지인 뉴올리언스에는 도착하지는 못했지만, 남부 각지에서 비슷한 운동이 전개되면서 여름이 끝날 무렵에는 1,000명이 넘는 참가자들이 이 투쟁에 뛰어들어 감방이 가득 찼을 정도였다. 그들은 그 후에도 집요하게 활동을 이어갔으며 법무성도 노력을 거듭한 결과, 주의 교통위원회는 9월 22일 주 경계를 넘어 운행하는 차량은 '인종, 피부색, 신조, 출신국을 이유로 좌석을 구별해서는 안 된다' 또한 이들 차량은 '인종차별을 하는 터미널을 사용해서는 안 된다'라는 결정을 내림으로써 주의 교통수단에서의 인종 분리가 대폭 폐지되었다. 그리하여 1962년 말, CORE는 '자유를 위한 승차 운동'의 승리를 선언했다.

워싱턴 대행진

　1963년은 전후戰後 흑인 해방 운동의 정점이자 그 역사상 한 획을 그은 해이기도 하다. 또 마틴 루터 킹 목사로 상징되는 비폭력적 직접 행동을 중심으로 전개된 공민권 운동은 그야말로 전성기를 맞고 있었다.

　점점 더 완미頑迷하고 광폭해져 가는 남부 인종주의 세력을 상대로 과감히 맞선 흑인들의 자기 해방 투쟁은 새로운 시대정신에 눈뜬 백인들까지 동참해 더욱 발전했으며 풀뿌리 민중 운동으로서의 성격이 한층 강화되는 동시에 폭력에는 폭력으로 맞서는 적극적인 실력 행사 조짐으로 나타나기도 했다. 투쟁 장소도 남부라는 종래의 지역적 한계를 넘어 전국 규모로 확대되었다.

링컨 대통령이 노예 해방 선언을 공포한 지 100년째를 맞는 그해 여름—8월 28일, 수도 워싱턴에는 '1963년까지 완전 해방을!'과 같은 표어를 내건 엄청난 인파가 몰려들었다. 대부분 흑인이었지만 백인도 적지 않았다. 남녀노소, 직업에 상관없이 모든 계층의 사람들이 이곳에 모였다. 즐비하게 늘어선 현수막에는 흑인들의 절실한 바람이 담긴 몇 가지 요구가 쓰여있었다. '모든 종류의 흑인 차별을 즉각 폐지하라!' '지금 당장 자유를!' '관헌의 잔혹 행위를 즉각 중단하라!' '임금 평등을 즉각 실현하라!' '신공민권법의 즉각적이고 무조건적인 성립을!' 등등……. 어느 곳을 보아도 '지금 당장!'이라는 말이 먼저 눈에 들어왔다. 집합 예정 시각인 오전 10시가 되자 포토맥강변의 녹지대로 모여든 사람들은 그 중심부에 우뚝 솟은 높이 555피트(169미터)의 워싱턴 기념탑의 주변을 가득 메웠다. '승리는 우리 손에' '강력한 요새' '오, 자유를' 등의 노랫소리가 일대에 높이 울려 퍼졌다.

오, 자유를

오, 자유를

오, 나의 자유를

노예가 되기 전에

무덤에 묻히리라

주님 곁에서 자유를 얻으리라

이 〈오, 자유를〉은 그해 4월부터 5월에 걸쳐 '인종주의 미국의 수도'와 KKK 등의 폭파 사건이 많았기 때문에 '바밍엄Bombingham'이라고도 불린 버밍엄에서 셔틀스워스 목사의 요청으로 킹 목사가 지도한 시 당국에 대한 흑인들의 치열한 인종차별 철폐 투쟁 당시부터 각지의 대중 집회와 시위행진 때마다 불린 노래다. 대결을 의미하는 Confrontation의 앞 글자 C를 따서 '프로젝트 C'라고 불린 이 운동에서 백인 우월주의자 조지 월레스 주지사를 등에 업은 코너 서장은 사나운 경찰견과 소방대까지 동원해 시위대를 탄압했으며 초·중학생 아이를 포함한 수많은 흑인을 마구잡이로 체포하고 스쿨 버스까지 이용해 구치소로 연행했다. 킹 목사를 포함해 체포된 시위대가 수천 명에 이르렀다. 또 킹 목사 동생A. D. King의 집과 킹 목사가 머물던 SCLC의 투쟁 본부인 개스턴 모텔에 폭탄이 터지자 격분한 흑인들이 폭력으로 맞서는 사태로까지 발전했다. 이번 사태의 전말이 연일 텔레비전과 신문을 통해 미국뿐 아니라 전 세계로 알려지자 외국에서도 비판과 항의가 쇄도했다.

이런 동향을 주의 깊게 지켜보던 케네디 대통령은 마침내 결단을 내리고 5월 12일 연방군 3,000명을 버밍엄에 파견하는 동시에 앨라배마주 방위군을 연방군에 편입해 사태 수습에 나섰다. 6월 11일 백악관은 불만이 폭발하는 것은 자치단체 측에 문제가 있다는 성명을 내고 '이번 위기는 경찰의 탄압으로 해결할 수 있는 문제가 아니다. 지금이야말로 연방의회와 모든 카운티의 주 및 시 의회 그리고 우리가 일상생활에서 행동에 옮겨야 할 때다'라며 인종차별을 없애기 위해 이른 시일 내 새로운 공민권 법안을 의회에 제출할 것을 전 국민 앞에 약속하고 8일 후인 19일 이를 이행했다.

버밍엄 투쟁을 시작으로 사바나(조지아주), 케임브리지(메릴랜드주), 그린우드(미시시피주), 댄빌(버지니아주) 등의 남부 각지에서부터 메이슨-딕슨 라인을 넘어 뉴욕, 디트로이트, 시카고, 보스턴 등의 북부 대도시까지 번진 광범위한 인종차별 철폐 투쟁의 열기가 급격히 고조되면서 워싱턴에는 전국 각지에서 20만 명이 넘는 참가자들이 모였다. 그중 4만에서 5만 명가량이 백인으로 추정되었다.

정식으로는 '직업과 자유를 위한 워싱턴 행진March on Washington for Jobs and Freedom'이라고 불린 이 집회의 총지휘자이자 노동 운동의 지도자로 유명한 침대차 수하물 운반인 조합 회장 A. 필립 랜돌프가 이야기했듯 이 집회는 그야말로 '미국의 역사가 시작된 이래 최대 규모의 시위'가 되었다. 1941년에도 이와 비슷한 대규모 집회를 기획하고 그것을 실현하고자 노력했던 그는 워싱턴 대행진의 최초 제창자로서의 감개를 감추지 못하고 이렇게 말했다. '나는 꿈을 이루었다.'

1마일(약 1.6킬로미터) 정도의 짧은 거리였지만 행진 참가자들은 전날인 8월 27일 머나먼 아프리카 가나의 수도 아크라에서 인종차별 철폐 운동에 평생을 바치고 95세를 일기로 세상을 떠난 '미국 근대 흑인 해방 운동의 아버지' W. E. B. 듀보이스의 영령에 묵념을 올린 후 추모의 분수 양옆을 두 갈래로 나뉘어 한여름 뜨거운 햇볕 아래에서도 힘찬 발걸음으로 링컨 기념관을 향해 나아갔다. 한쪽 열의 선두에는 랜돌프를 비롯한 저명한 흑인 지도자들이 있었고 다른 한쪽 열에는 케네디 대통령이 전 국민 앞에 새로운 공민권 법안 제출을 약속한 다음 날인

6월 12일 미시시피주 잭슨의 자택 앞에서 총탄을 맞고 세상을 떠난 NAACP 잭슨 지부의 서기 메드가 에버스 Medgar Evers 아내가 비통한 얼굴도 보였다.

오후 2시가 되자 랜돌프 의장의 개회사를 시작으로 이날의 집회 기념 연설이 시작되었다. 전미 자동차 노조회장이자 미국 노동총연맹-산업별 조합회의(이하 AFL-CIO)의 부회장이기도 했던 월터 루서Walter Reuther는 '오랜 세월 권리를 빼앗긴 채 살아온 미국 흑인의 인내는 끝났다. 그들은 더 이상의 굴욕과 냉대와 야만적인 대우를 용인하지 않기로 선언했다. 우리는 케네디 대통령이 제출한 신공민권 법안이 지금 당장이라도 제정될 수 있도록 미국인의 도의적 양심을 환기시키고 의회에 압력을 가해야 한다. 모든 시민적 권리와 기회의 균등 문제는 당파성을 뛰어넘는 문제다. 그것은 자유 사회를 살아가는 인간 대 인간 사이의 도덕적 문제이기 때문이다. 누군가의 자유가 부정당한다면 나의 자유도 위험에 처한 것이다. 버밍엄의 자유가 계속해서 부정당하는 한 미국의 민주주의는 베를린의 자유를 주장할 수 없다'라고 호소했다. 동시에 그는 AFL-CIO가 소속 조합의 개별 참가는 인정했지만, AFL-CIO로서 이 역사적 대행진에 참가하는 승인 결의를 하지 않은 경위를 밝히며 노동조합의 뿌리 깊은 흑인 차별의 일면을 감추지 않고 드러냈다.

또 NAACP의 로이 윌킨스Roy Wilkins는 '대통령의 제안은 지극히 온당한 것뿐이다. 따라서 그중 어느 것이라도 빠지거나 삭제된다면 그것은 설탕물이나 마찬가지이다. 신공민권 법안의 내용은 더욱 강화되어야 한다. 대통령은 우리와 함께 싸워야 한다'며 케네디 대통령이 용기를 가지고 그의 공민권 법안을 신속하고 공정하게 성립시킬 것을 강하게 요구했다. NUL의 휘트니 영Whitney Young도 '모든 미국인이 제1급 시민으로서 권리를 획득하는 것을 목표로 이처럼 강력히 단결한 적은 없었다'고 말해 박수갈채를 받았다.

당시 옥중에 있던 CORE의 제임스 파머에게 다음과 같은 메시지가 도착했다. '나는 이 위대한 날 모두와 함께 워싱턴에 갈 수 있기를 진심으로 바랐다. 이곳에 투옥되어 있는 나의 형제자매들도 모두 같은 마음일 것이다. 그들이 왜 이런 곳에 갇혀 있어야만 하는가? 그 죄상, 그것은 그들이 즉각적인 자유를 요구하며 싸웠기 때문이다.' 흑인 가수 마할리아 잭슨Mahalia Jackson이 아름다운 목소리로 가스펠송을 부르고 에버스의 미망인이 '남편의 유지를 기억하자'고 호소했을 때는 감동의 눈물을 흘리는 사람들의 모습도 볼 수 있었다.

하지만 저녁 무렵 킹 목사가 단상에 모습을 드러냈을 때 이날 대집회는 클라이맥스를 맞았다.

'우리는 수표를 현금으로 바꾸기 위해 이곳에 모였습니다. 이 땅의 건국의 아버지들이 헌법과 독립선언서에 숭고한 문구를 작성하면서 남긴 모든 미국인이 상속받아야 할 약속 어음입니다. 분명한 것은 이 나라가 흑인 시민들에게 약속 어음에 대한 채무를 이행하고 있지 않다는 사실입니다. 이에 우리는 이 약속 어음을 현금으로 바꾸기 위해 여기에 모였습니다.

더는 냉각기간을 두거나 점진주의라는 진정제를 먹을 여유가 없습니다. 지금이야말로 민주주의의 약속을 실현해야 할 때입니다. 지금이야말로 인종 분리의 황량하고 어두운 골짜기에서 벗어나 정의의 빛이 비치는 길로 나아가야 할 때입니다. 흑인에게 시민적 권리가 부여되지 않는 한 이 나라에 안식과 평온은 찾아오지 않을 것입니다. 거센 반항의 선풍이 정의의 빛이 비칠 때까지 이 나라의 초석을 뒤흔들 것입니다……'

킹 목사는 자신의 오랜 신념을 역설한 후 이 책의 '프롤로그'에서도 인용한 '나에게는 꿈이 있습니다'라는 명연설로 수많은 군중에게 박수갈채와 공감을 끌어냈다.

그 후, 참가자들은 의회와 정부에 대한 요구 사항 10개를 만장일치로 채택하고 집회를 마무리 지었다. 20만 명이 넘는 군중들은 저마다 감개에 젖어 새로운 결의를 가슴에 품고 링컨 기념관 앞 광장을 지나갔으나 흑인 지도자들은 백악관에서 케네디 대통령과 1시간 남짓 회담을 하고 지난 6월 19일 그가 의회에 제출한 신공민권 법안의 조기 성립을 요구하는 동시에 흑인의 지위 개선에 대한 한층 강화된 노력을 요청했다.

1964년 공민권법

워싱턴 대행진이 막을 내린 지 불과 3개월이 지난 11월 22일, 1년 후로 다가온 차기 대통령 선거를 앞두고 남부로 유세를 떠난 케네디 대통령은 텍사스주 댈러스에서 자동차 퍼레이드 중 흉한의 총탄을 맞고 쓰러져 비극적인 죽음을 맞는다.

그의 죽음에 관해서는 '브라운 판결'의 판사 얼 워런Earl

Warren이 위원장을 맡은 조사 위원회와 FBI의 조사 보고서 등 상당히 자세한 자료가 있지만, 암살의 진상에 대해서는 여전히 석연치 않은 점이 많다. 케네디의 죽음을 두고 다수의 미국 흑인들은 '링컨의 비극이 재현'된 것처럼 느낀 한편, 남부의 백인 우월주의자들은 '하늘이 내린 벌'이라고 여긴 사람도 적지 않았을 것이다.

그런 상황에 케네디 대통령이 의회에 제출한 신공민권 법안은 부대통령에서 대통령이 된 린든 B. 존슨Lyndon Baines Johnson이 상하 양원 합동회의에서 '케네디 대통령의 명예를 기리기 위해서라도 이 법안을 조속히 성립시켜야 한다'라고 연설한 이후 계속된 흑인들의 공민권 투쟁과 한층 강력해진 민주당 세력의 압력으로 마침내 이듬해 2월 10일 찬성 290표, 반대 130표로 하원을 통과했다. 그 후, 상원에서는 500개가 넘는 수정안이 제출되고 남부파 의원들의 기록적인 필리버스터(의사 진행을 방해하기 위한 장시간 연설)가 이루어졌다. 결국 토론 종결 동의안 채택이라는 이례적으로 격렬한 심의를 거쳐 6월 19일—이날은 케네디 대통령이 정부 원안을 의회에 제출한 지 만 1년째 되던 날이었다—찬성 73표, 반대 27표로 상원을 통과한 후 십수 일이 지난 7월 2일 존슨 대통령의 서명을 거쳐 정식으로 연방의 법률로 성립했다. 상원의 반대 27표는 그해 11월 대통령 선거에서 공화당의 후보로 나와 민주당의 존슨에게 참패한 극렬 보수주의자 배리 골드워터Barry Morris Goldwater를 비롯한 공화당 의원 6명과 남부의 민주당 의원 21명이 던진 표였다.

이렇게 제정된 1964년의 공민권법은 '헌법상의 투표권을 실시하고 공공시설에서의 차별에 대한 금지 및 구제를 위해 합중국 지방 재판소에 재판권을 부여하며 공공기관 및 공교육에서 헌법상의 권리를 보호하기 위해 소송을 제기할 권한을 법무장관에게 부여하고 공민권 위원회를 확대하며 연방 원조계획에서의 차별을 방지하고 평등 고용 기회 위원회를 설치하는 등의 목적을 위한 법률'이라는 긴 정식 명칭을 가진 총괄적인 법률로, 미국인으로서 흑인의 시민적 권리 보호에 대해 상호 밀접한 관련이 있는 한편 각각 독립된 11편의 개별법(타이틀 I ~타이틀 XI)으로 이루어져 있으며 새롭게 도입된 규정과 기존 공민권법 그리고 그 밖의 관계 법령의 모든 규정을 수정 보강한 부분을 합쳐서 완성했다.

그 주요 내용은 정식 명칭을 통해서도 짐작할 수 있듯 첫 번째는 선거인 등록 시 '문해력 테스트'를 일정 조건부로 금지한 것을 비롯해 등록 담당관이 임의로 부과하는 온갖 차별적인 투표 기준, 관행, 절차 등으로부터 흑인을 보호하고 투표권 행사 시 인종차별을 배제하는 것이다. 이 흑인 선거권의 보장은 이듬해인 1965년 제정된 투표권법에 따라 더욱 강화되었다. 두 번째는 누구나 인종, 피부색, 종교 혹은 출신국을 이유로 다음과 같은 시설에서 차별 또는 분리되어서는 안 되며 그러한 시설에서는 모든 사람이 재물, 서비스, 설비, 특전, 이익, 편의를 '완전하고 평등'하게 누리는 권리를 가진다고 명기되어있다. 그리고 그 시설로는 (1)5개 실 이하에서 주인이 같은 건물에 사는 경우 이외의 여관, 모텔, 호텔 그 밖의 여행 객용 숙박 시설 (2)그 시설 내에 있는 주로 식사를 판매하는 레스토랑, 카페테리아, 런치 룸, 런치 카운터, 식품 판매대 또는 그 밖의 설비 (3)영화관, 극장, 콘서트홀, 스포츠 경기장, 경기장 또는 전시 및 오락 시설이 열거되어 있다. 세 번째는 공교육에서의 인종차별을 배제하기 위해 합중국 교육국이 그 실정을 조사하고 인종 공학 실시에 대한 전문적인 지원을 제공하며 사법장관은 인종, 피부색, 종교 또는 출신국을 이유로 공립학교의 입학 및 출석 등이 거부되었다는 소송장을 받으면 연방 지방 재판소 제소를 포함한 적절한 구제 조처를 하도록 규정했다.
네 번째로 이 법률은 연방 정부의 원조로 시행되는 활동
및 사업에서는 모든 차별 행위를 금지하고 이것을 위반
하면 조성금 중단 등을 규정하는 동시에 고용 현장에서
의 인종차별 폐지를 추진하기 위해 평등 고용 기회 위원
회를 설치하고 재판소에 적절한 '차별 시정 조치affirmative
action'*를 강구하도록 명했다.

---

* 정부 관련 기업에서 고용상의 인종차별을 금지한 대통령 명령은 앞서 살펴본 1941
년 루스벨트의 대통령 행정명령 제8802호까지 거슬러 올라갈 수 있지만(193쪽 참조) 차
별 시정 조치라는 문구가 **법령상** 최초로 사용된 것은 케네디 대통령이 발령한 대통령
행정명령 제10925호(1961년)로 연방 정부와 계약한 기업에서는 인종, 신조, 피부색 또
는 출신국에 상관없이 구직자의 고용과 처우를 보호하기 위해 계약자는 '차별 시정 조
치를 강구할 것'을 명했다. 또 존슨 대통령에 의한 대통령 행정명령 제11246호(1965년)
는 이것을 계승하는 동시에 성차별 금지 조항을 추가하는 등 일부를 수정 보강한 것으
로 오늘날까지 효력을 가지고 있다. 그러나 이 차별 시정 조치라는 문구가 **법률상** 처
음으로 사용된 것은 위에서 다루었던 1964년의 공민권법(제7편 706조 g항)으로 거기에는
'피고인이 고의로 위법한 고용을 하거나 혹은 하지 않았다고 인정될 경우, 재판소는
피고인에 대해 그러한 위법 행위를 저지하고 더 나가……적당한 차별 시정 조치를 명
할 수 있다'고 규정하고 있다.
최근 미합중국 최고재판소에서 그 합헌성 혹은 적법성을 둘러싸고 격렬한 논의가 오
가고 재판관(현재는 9명)들 사이에 첨예한 의견 대립과 분열을 불러일으킨 문제 중 하나
로 이 차별 시정 조치에 관한 일련의 분쟁이 있었는데 이제까지 이 문제에 대해 최고
재판소가 내린 재정은—'역차별' 문제로 세간의 주목을 받은 1978년의 '배키 판결(캘리
포니아대학교 평의원 대 배키 사건)'을 포함해—전부 11건이다.
또한 차별 시정 조치의 가장 중요한 대책 중 하나로 흑인과 그 밖의 소수 인종 및 여성
고용 또는 소수 인종의 고등 교육기관 입학 등에 관해 우선 할당제quota를 도입하는 경
우가 많은데 이를 우리말로 옮길 때는 '우대 조치' '우선 조치' '특별 조치' '할당 조치' '시
정 조치' 등이 많이 쓰인다. 1964년 공민권법의 해당 부분에는 그 의미에 대한 어떤 구
체적인 정의도 쓰여 있지 않기 때문에 다소 뉘앙스를 달리 한 해석이 성립할 수도 있지
만 나는 과거 인종차별이나 여성 차별에 대한 보상 조치를 뛰어넘는, 엄연히 존재하는
이런 차별을 단호히 시정하고 폐지해나가기 위한 적극적인 행위로 해석하는 입장에서
굳이 고르자면 '차별 시정 조치'가 이해하기 쉬우리란 생각에 이것을 사용했다.

이처럼 1964년의 공민권법은 예컨대 주택 차별 금지나 최저 임금제 실시 등의 여러 측면에서 흑인들의 요구가 전면적으로 받아들여졌다고 말하기는 어렵지만 제2차 세계대전 이후 공민권 운동을 통해 그들이 목숨을 걸고 투쟁한 다년간의 성과가 총괄적으로 집대성된 '남북전쟁 이래 가장 획기적인 흑인 구제 조치'라고 불린 이 법률 제정은 역사적으로도 매우 의미가 깊다. 또한 같은 해 1월에는 연방 선거에서 '투표권은 합중국의 어떤 주에서도 인두세나 그 밖의 세금 불납을 이유로 거부되거나 제한되어서는 안 된다'고 규정한 헌법 수정 제24조가 성립되었으며 12월에는 킹 목사가 노벨 평화상을 수상하는 등 공민권 운동이 정점을 맞은 시기였다.

남부 백인의 반동 공세와 '길고 무더운 여름'의 도래

이 시기 남부 각지에서는 백인 인종주의자들의 반동 공세가 시작되고 전미 특히 북부 주요 도시에서는 그 후 수년에 걸친 '길고 무더운 여름'이 계속되었다. 앨라배마주의 월레스 지사는 공민권법이 성립하자마자 합중국 헌법에 위배된다고 선언하고 끝까지 법정에서 '흑백'을 가리겠다고 큰소리쳤으며 다른 남부 지역 주지사와 유력 정치가 중에서도 여기에 동조하는 사람이 나타났다.

정치 무대에서만이 아니었다. 대통령 선거를 3개월 앞 둔 1964년 8월 4일자 《뉴욕 타임스》는 '미국 전투기, 북 베트남 기지를 폭격'이라는 전면 기사를 내고 이른바 통 킹만 사건을 대대적으로 보도했는데 이 뉴스와 함께 사 람들을 충격에 빠트린 또 하나의 기사가 있었다. 선명한 문구로 'FBI, 공민권 운동가로 보이는 시체 3구 발견'이라 고 쓰인 기사였다.

CORE와 SNCC가 협력해 그해 여름 미시시피주에서 개최할 예정이었던 이른바 미시시피 서머 프로젝트의 선 발 멤버였던 3명의 청년은 신공민권법이 상원을 통과한 지 불과 이틀 후인 6월 21일 수일 전 네쇼바 카운티 교외 에서 일어난 흑인 교회 방화 사건을 조사하고 돌아오는 길에 필라델피아 근교에서 속도위반을 이유로 보안관 대 리 세실 프라이스Cecil Price에게 연행되었다. 그들은 10시 반경 KKK가 잠복하고 있는 인적이 드문 거리에서 풀려 난 이후 종적을 감추었다. 이틀 후인 6월 23일 그들이 타 고 있던 스테이션왜건이 근처 소택지에서 불에 탄 상태 로 발견되었지만, 청년들의 행방은 여전히 오리무중이었다. 그리고 약 6주 만에 그들로 보이는 사체가 발견되었다는 보도였다.

사체는 필라델피아 남서쪽 5마일 남짓한 지점에 있는 농지에 연못을 만들기 위해 파놓은 높이 6미터 구덩이 속에서 발견되었다. 크레인과 불도저까지 동원해 발굴해낸 사체에서는 38구경 총알이 발견되었으며 훼손도 심한 상태였다. 치아와 지문을 조회한 결과, 실종된 청년 활동가들 3명—백인인 마이클 슈워너Michael Schwerner와 앤드루 굿먼Andrew Goodman 그리고 흑인인 제임스 체이니James Chaney—으로 밝혀졌다. 그중 흑인인 체이니는 쇠사슬로 온몸을 구타당하고 두개골이 깨진 상태였으며 머리에 1발, 몸통에 2발의 총탄을 맞아 숨진 것으로 밝혀지며 흑인 활동가에 대한 남부 백인의 증오가 노골적으로 드러났다.*

---

* 이 사건은 본문 중에서는 이야기하지 않았지만, 1955년 8월 여름방학 동안 시카고에서 미시시피주 머니에 사는 친척 집을 방문한 14세의 흑인 소년 에밋 루이스 틸Emmett Louis Till이 잡화점에서 백인 여성을 향해 '무례하게도' 휘파람을 불며 말을 걸었다는 이유로 참혹하게 살해된 이후 브라이언트와 밀엄이라는 2명의 백인이 범인으로 체포되어 재판을 받았지만, 전원 백인으로 구성된 배심원의 평결로 무죄 석방된 '틸 소년 살해 사건'의 경우와 달리 미시시피주 당국이 범인을 기소하지 않았기 때문에 연방 대배심이 범인을 고소한 결과, 프라이스 보안관 대리 등의 7명에게 3년에서 10년의 유죄 판결이 내려졌다. 또한 4반세기가 지난 1989년 6월, 연방의회는 희생자 3명의 용감한 행동을 기리기 위해 6월 21일을 '체이니·굿먼·슈워너의 날'로 지정하는 결의를 채택했다.

참고로, 이 사건을 소재로 조엘 노스트가 쓴 소설 『미시시피 버닝Mississippi Burning』(

이런 참사에도 굴하지 않고 속행된 1964년의 미시시피 서머 프로젝트는 큰 성과를 거두었다. 그리고 이런 풀뿌리 운동을 배경으로, 그해 4월 미시시피주 흑인들이 주체가 되어 결성한 독립 정당 미시시피 자유민주당 Mississippi Freedom Democratic Party은 더욱 발전된 민주적 정치 개혁을 요구하고 자신들의 목소리가 직접적으로 반영될 수 있도록 8월 하순 뉴저지주 애틀랜틱시티에서 열린 백인 위주의 민주당 전국 대회에 흑인 대의원을 내보내는 등의 활동을 전개할 정도로 성장했다.

미시시피주에서 3명의 공민권 활동가가 사살된 사건은 남부의 폭력주의적 백인의 반격을 상징하는 사건에 불과했다. 그 직후인 6월 25일 플로리다주 세인트오거스틴에서는 흑인에게도 개방된 해변에서 해수욕을 즐기려던 흑인 100여 명이 75명의 백인 폭도들의 공격을 받는 사건이 있었으며, 7월 10일에는 영화 〈셰인〉으로도 익숙한 배우 잭 팰런스Jack Palance가 앨라배마주 터스컬루사의 한 극장에서 인종차별을 지지하는 군중에 포위되어

1988)을 영화화한 동명의 영화가 1989년 일본에서도 상영된 바 있다. 두 수사관의 활약을 중심으로 풀어낸 이 영화를 보고 새삼 실제 사건과 허구를 다루는 것이 얼마나 어려운 일인지 실감했다. 이런 점에서는 1990년 상영된 남북전쟁 당시 격전이 벌어졌던 바그너 요새 공격에 참여한 흑인 연대의 활약을 그린 영화 〈글로리Glory〉가 훨씬 사실 전달에 충실했다고 생각한다.

경찰의 도움으로 가까스로 위기를 벗어나기도 했다. 바로 다음 날인 11일에는 조지아주의 고속도로에서 워싱턴으로 가던 흑인 교육 지도사 레뮤엘 펜Lemuel Penn이 뒤따라오던 차에서 쏜 산탄총에 맞아 사망하는 사건이 일어나는 등 백인 우월주의자들에 의한 폭력 행위와 공민권 활동가들에 대한 테러와 박해가 크게 늘었다. 흑인들 사이에서는 '폭력에는 폭력을'과 같은 움직임이 퍼지면서 지도적인 흑인 해방 조직 간에도 불협화음이 일어나게 되었다.

이런 상황에서 이듬해인 1965년 2월 21일 흑인 회교단을 이탈해 '아프로 아메리칸 통일기구Organization of Afro-American Unity'라는 정치 조직을 결성하고 '비폭력에는 비폭력으로, 폭력에는 폭력으로 맞선다'고 공언하며 킹 목사 등과는 다른 노선을 걸으면서도 힘을 합쳐야 할 때는 함께 투쟁했던 흑인 민족주의 지도자 말콤 XMalcolm X가 뉴욕에서 암살당하는 사건이 발생했다. 한편, 남부의 흑인 유권자 등록 촉진 투쟁은 한 달여 전부터 앨라배마주로 무대를 옮겨 SCLC와 한층 급진화된 SNCC의 지도 아래 개시되었다.

당시는 지난 선거에서 크게 승리한 존슨 대통령이 '빈

곤과 인종적 불평등의 근절'을 담은 '위대한 사회' 구상을 실현하겠다며 결의를 다지던 무렵의 일이었다. 1월 19일, 셀마의 재판소 앞에 모여 유권자 등록을 요구하는 흑인 군중과 그들을 막기 위해 출동한 댈러스 카운티의 보안관 제임스 G. 클라크James Gardner Clark가 이끄는 경관들 간에 큰 충돌이 일어나면서 많은 흑인이 체포되었다. 2월 1일, 킹 목사가 체포되자 탄압에 항의하는 흑인들의 투쟁은 가까운 매리언까지 번지며 점차 확대되었으며 26일 지미 L. 잭슨Jimmie Lee Jackson이라는 흑인 청년이 경관에게 사살당하는 사건이 발생하자 3월 6일, 킹 목사는 셀마에서부터 몽고메리까지 '자유의 행진'을 제안했다.

이에 월레스 주지사는 즉각 금지 명령을 내리고 존슨 대통령도 여기에 동조하자 킹 목사는 어쩔 수 없이 행진 계획을 미루었다. 그러나 스토클리 카마이클Stokely Carmichael을 비롯한 다른 SNCC의 지도자들은 이를 거부하고 다음 날인 7일 500명의 참가자와 함께 행진을 시작했다. 그 직후, 셀마의 출구인 에드먼드 피터스 다리에서 기다리고 있던 클라크 보안관이 이끄는 경관들과 존 클라우드John Cloud 소령이 지휘하는 앨라배마주 방위군은 무방비 상태의 행진 참가자들과 길가에서 이들을 응원

하던 여성과 아이들을 포함한 군중들을 곤봉과 최루 가스와 심지어 기마 부대까지 동원해 폭력적으로 해산시켰다. 수많은 부상자를 내고 응원 차 보스턴에서 온 백인 목사 제임스 리브James Reeb를 죽음에 이르게 했던 이 사건이 텔레비전과 신문을 통해 전 세계로 보도되자 민심이 들끓기 시작했다. 결국 3월 13일 여론의 압박으로 존슨-월레스 회담이 열렸다.

그로부터 이틀 후인 15일, 존슨 대통령은 투표권법(1965년 공민권법)의 성립을 요구하며 '우리는 승리했다'는 말로 연방의회 연설을 마쳤다. 계속해서 17일에는 합중국 최고재판소가 셀마-몽고메리 행진은 헌법이 인정하는 범위 안에서의 시위행진이며 이를 방해하는 행위는 배제되어야 한다는 견해를 표명했다. 이렇게 3월 21일 브라운 차펠 교회에 모인 군중 3,200명이 셀마를 출발해 몽고메리로 향하는 '자유의 행진'이 개시되었다. 닷새 동안 50마일(약 80.5킬로미터)의 거리를 행진하는 이 운동에는 전국 각지에서 백인 수녀, 학자, 배우 등의 다양한 사람들이 참가했으며 25일 몽고메리의 앨라배마주 의회 의사당 앞에 도착했을 때는 2만 5,000명까지 늘어나 있었다. 킹 목사는 대규모 군중 앞에서 남부의 인종주의적 백인 권력을 격렬히 비난하는 동시에 투표권법의 즉시 성립을 요구하는 열띤 연설을 펼쳤다.

이 시위행진은 1955년 이 땅에서 최초로 시도된 흑인들의 버스 승차 거부 운동 이후 10년이라는 세월 동안 투쟁해온 공민권 운동의 승리와 백인들과 힘을 합쳐 비폭력주의로 일관한 킹 목사의 대중적 항의 운동의 시대가 끝나가고 있다는 것을 알리는 상징적인 집회가 되었다. 그날 밤, 미시간주에서 참가한 비올라 G. 리우조Viola Liuzzo라는 39세의 백인 활동가가 KKK의 습격으로 살해당했다. 그리고 8월 6일의 선거권 행사에서 인종차별을 금지한 투표권법이 존슨 대통령의 서명을 얻어 성립했으나 그로부터 닷새 후인 11일 로스앤젤레스의 흑인 거주 지구 와츠에서 미국 역사상 최대 규모의 흑인 폭동이 발생했다.

이듬해인 1966년 6월 6일, 미시시피대 입학 사건(212쪽 참조)으로 일약 유명해진 제임스 메러디스가 유권자 등록을 격려하기 위해 시작한 테네시주 멤피스에서 미시시피주 잭슨으로 향하는 행진 도중 미시시피주로 접어든 지 얼마 안 돼 괴한의 총격으로 중상을 입는 사건이 발생했다. 이내 주요 해방 조직의 대표들이 멤피스에 모여 메러디스 행진의 속행을 검토했지만 기본 방침에 대한 견해 차이를 좁히지 못하고 NAACP와 NUL은 행진 참가를 중단했으며 SCLC는 끝까지 동참했으나 SNCC와 CORE의 강경 노선에 동조하지 못해 점차 균열이 깊어지다 결국에는 결별하게 되었다.

이 메러디스 행진 과정에서 SCLC와의 결정적인 균열을 초래한 것이 얼마 전 새롭게 SNCC의 위원장으로 선출된 스토클리 카마이클이 제창한 '블랙 파워Black Power'였다. 이 슬로건에 공명한 CORE의 플로이드 B. 맥키식 Floyd Bixler McKissick은 도착지인 미시시피주 의회 의사당 앞에서 열린 대중 집회의 폐회 연설에서 '1966년은 우리가 검둥이로 억압받던 처지를 벗어나 흑인Black man으로 거듭난 해로 기억될 것이다. 1966년은 블랙 파워의 해다'라고 자랑스럽게 선언했다.

이렇게 미국 전역에 널리 알려진 이 슬로건에 호응하듯 그해 여름에는 시카고, 클리브랜드 등의 북부 각지는 물론 남부의 애틀랜타에서도 흑인 폭동이 발생하는 등 각지에서 '검은 폭풍'이 휘몰아치고 10월에는 캘리포니아주 오클랜드에서 휴이 P. 뉴턴Huey Percy Newton과 바비 실Bobby Seale에 의해 '흑표범 당Black Panther Party'이 결성되었다.

1964년 공민권법의 성립과 때를 같이 해 뉴욕의 흑인 거주 지구인 할렘에서 흑인 소년이 백인 경관의 총격으로 목숨을 잃은 사건이 발단되어 미국 전역을 뒤흔든 흑인 폭동은 1967년 주 방위군뿐 아니라 연방군의 전차까지 출동한 디트로이트의 폭동을 시작으로 뉴어크, 워싱턴 그리고 그 밖의 여러 도시로 파급되었다. 이 '길고 무더운 여름'은 이듬해에도 기세가 꺾이기는커녕 대규모 집회만 150건 이상에 이르는 등 1968년까지 5년에 걸쳐 끊임없이 되풀이되었다.

디트로이트 폭동이 한창일 무렵(1967년 7월 28일), 존슨 대통령은 일리노이 주지사 오토 커너Otto Kerner를 위원장으로 하는 통칭 커너 위원회를 설치하고 끊이지 않는 흑인 폭동에 관한 조사 연구를 통해 대처 방안을 강구했다. 이듬해인 1968년 3월 2일 공표된 《국내 소란에 관한 전미 자문위원회 보고서》 서문에는 '미국은 흑인 사회와 백인 사회라는 2개의 사회—각각 분리된 불평등한 2개의 사회를 향해 나아가고 있다'는 기본적 결론을 내놓았다. 2년 전 7월과 8월 시카고를 방문해 직업이나 주택 등 대도시의 게토(흑인 주거지구)에 거주하는 흑인들이 직면한 빈곤과 차별을 타파하는 투쟁을 시작했던 킹 목사가 멤피스의 흑인 청소 노동자 시위를 지원하기 위해 이곳에 머물던 중 암살당하는 사건이 발생한 것은 바로 그해 4월 4일이었다. 그가 뉴욕의 국제 기자클럽에서 기자회견을 하고, 리버사이드 교회에서 열린 집회에서 미국 흑인으로서 베트남 전쟁에 반대하는 입장을 명확히 표명함으로써 흑인 차별 반대와 베트남전쟁 반대를 하나로 결합한 입장을 밝힌 지 만 1년이 지난 후의 일이다.

킹 목사 암살 사건을 계기로 전미 각지에서 발생한 흑인 폭동이 한창이던 4월 11일, 주택 차별을 금지한 1968년 공민권법이 제정되었지만 킹 목사가 세상을 떠난 후 미국의 흑인 해방 운동은 분열과 혼란 그리고 다양화의 시대로 접어들었다.

도시의 게토에는 아이들이 뛰어놀 수 있는 장
소가 없다(Magnum Photo)

10. 미국 흑인의 현재

정치 참가의 진전

1970년대가 되면서 블랙 파워라는 말은 거의 들려오지 않았다. 하지만 이것은 역설적으로 말하면, 이 무렵부터 블랙 파워가 미국 사회에 침투해 내재화되었다는 뜻이다. 그것은 일세를 풍미한 공민권 운동의 성과와 한계를 드러내는 것이었다.

이 시기 이후, 미국 흑인의 처우는 다방면으로 개선되었으며 그들의 지위도 전반적으로 크게 향상되었다. 동시에 흑인 내부의 계층 분화가 진행되었는데 전문직이나 관리직에 진출하는 중산 계급과 부유층이 증가하는 한편 가난한 최하층 흑인도 증가하는 분극화 경향이 나타났다. 이런 빈부 격차는 공화당의 로널드 레이건이 대통령이 된 1980년대에 한층 확대되었다.

부유층 흑인들에게서 나타난 가장 눈에 띄는 성과는 정치 진출이었다. 예컨대, 선거로 관직에 오른 흑인의 수를 1965년 투표권법 성립 당시와 비교하면, 총 280명이었던 흑인 공직자가 1970년에는 1,469명, 1985년에는 6,016명으로 증가하고 현재는 7,000명 이상에 달한다. 이런 증가를 가져온 중요한 요인으로 흑인의 정치적 권리 행사 특히 투표 연령에 속하는 흑인 그중에서도 남부 여러 주에서 흑인 유권자의 등록이 급속히 진전되었다는 점을 들 수 있다. 1940년 3.1퍼센트에 불과했던 등록률이 1966년에는 51.6퍼센트, 1970년에는 66.9퍼센트까지 급상승했으며 1984년에도 같은 비율로 증가했다. 그 결과, 남부의 흑인 공직자는 1941년 고작 2명(전국의 흑인 공직자 33명 중 6퍼센트)에서 1965년에는 87명(전국 280명 중 31퍼센트), 1970년에는 703명(적국 1,469명 중 48퍼센트), 1985년에는 3,801명(전국 6,016명 중 63퍼센트)까지 증가했다.

그중에서도 가장 주목해야 할 것은 흑인 시장이 급증했다는 점이다. 1965년 전국에 3명뿐이었던 흑인 시장은 1970년에는 488명, 1975년에는 135명, 1980년에는 182명, 1985년에는 286명으로 증가하며 현재는 300명 이상의 흑인 시장이 크고 작은 도시의 시정을 맡고 있다. 〈표 5〉는 1941년부터 1985년까지 선거로 뽑힌 각종 흑인 공직자들의 전국적인 증가 상황을 보여준다.

흑인 시장의 증가는 단순히 숫자의 문제만이 아니다. 1967년 오하이오주 클리블랜드와 인디애나주 게리에서 대도시 최초의 흑인 시장이 탄생했으며 1989년 11월에 실시된 지방 선거에서는 데이비드 딘킨스David Norman Dinkins가 합중국 최대의 도시 뉴욕에서 최초의 흑인 시장으로 당선되었다. 그 결과, 시카고의 흑인 시장 해롤드 워싱턴Harold Washington이 임기 중간에 세상을 떠나면서 실시된 1988년 4월의 보궐 선거에서 흑인 진영의 분열로 시장 직을 내주기는 했지만, 전미 6대 대도시 중 시카고와 휴스턴을 제외한 4개 도시—뉴욕, 로스앤젤레스, 필라델피아, 디트로이트—에서 흑인 시장이 탄생했다.

또한 1989년의 지방 선거에서는 흑인 주민이 20퍼센트에도 못 미치는 버지니아주에서 로렌스 더글러스 와일더Lawrence Douglas Wilder가 합중국 선거 사상 최초의 흑인 주지사로 선출되었다. 과거 노예제 권력의 상징과도 같은 도시이자 남북전쟁 당시 남부 연합의 수도 리치먼드주청州廳의 수장 자리에 흑인 노예의 자손이 앉게 되리란 것을 26년 전 워싱턴 대행진 참가자 중 그 누가 예상할 수 있었을까. 와일더 지사의 취임식은 1990년 1월 중순 3만 명의 군중이 모인 가운데 이루어졌다. 또 당시 선거에서 흑인 주민이 비교적 적은 워싱턴주 시애틀, 코네티컷주 뉴헤븐, 노스캐롤라이나주 더럼에서도 흑인 시장이 당선되었다.

한편, 1990년 11월 수도 워싱턴의 시장 선거에서는 마리온 배리Marion Barry 전 흑인 시장의 후임으로 샤론 프랫 딕슨Sharon Pratt Dixon이라는 민주당의 46세 흑인 여성이 당선되었다. 미합중국 수도에서 '미국의 대도시에서 선출된 최초의 여성 흑인 시장'이 탄생한 것이다.

이것과 별개로, 선거로 뽑지 않는 중요 공직자 중 하나로 판사를 들 수 있다. 흑인 판사는 1941년 총 10명(연방 판사 1명, 주 및 지방 자치체 판사 9명)에 불과했지만 1970년에는 218명(연방 19명, 주 및 지방 자치체 199명), 1980년에는 599명(연방 94명, 주 및 지방 자치체 505명), 1986년에는 841명(연방 98명, 주 및 지방 자치체 743명)까지 늘어났다. 유권자 등록의 경우와 마찬가지로 여기서도 1970년대 이후 남부에서의 증가세가 다른 지역을 능가한다. 즉, 남부의 주 및 지방 자치체의 흑인 판사는 1970년 38명에서 1986년에는 306명으로 증가했다(같은 기간 북동부 지역은 66명에서 157명, 북중부 지역은 72명에서 169명, 서부 지역은 113명에서 106명). 연방 판사는 카터 대통령(1977년~1981년 재임)이 37명의 흑인을 임명한 반면, 레이건 대통령(1981년~1989년 재임)은 6명에 그쳤다는 점도 기억해두자.

이상으로 흑인의 정치 진출을 선거로 뽑힌 공직자를 중심으로 살펴보았다. 거기에는 공민권 운동의 성과가 상징적으로 드러나 있다. 그런데도 전체 공직자 중에서

<표5> 선거를 통한 흑인 공직자 수의 증가 상황
(1941년~1985년)

연도	연방		주			시			
	상원	하원	행정관	상원	하원	시장	시의회	교육위원	합
1941	0	1	0	3	23	0	4	2	33
1947	0	2	0	5	33	0	18	8	66
1951	0	2	0	1	39	0	25	15	82
1965	0	4	1	18	84	3	74	68	280
1970	1	9	1	31	137	48	552	362	1,469
1975	1	17	5	53	223	135	1,237	894	3,503
1980	0	17	6	70	247	182	1,809	1,149	4,890
1985	0	20	4	90	302	286	2,189	1,363	6,016

출처: Gerald David Jaynes and Robin M. Williams, J. eds,. Common Destiny: Blacks and American Society, 1989, p. 240.
비고: 1)합계란의 1965년 이후 수치는 여기서 꼽은 관직 이외의 숫자도 포함한다.
2)1990년 현재, 연방 하원 의원 23명을 포함한 흑인 공직자는 총 7,000명이 넘는다.

흑인이 차지하는 비율은 불과 1.5퍼센트 정도로 총 인구비의 약 12퍼센트와 비교하면 그 낙차가 매우 큰 만큼 백인과의 불평등은 여전히 존재한다.

교육의 통합화와 생활환경

'브라운 판결'이 나온 1954년 당시 구 남부 연합의 11개 주에서 백인 학교에 통학할 수 있었던 흑인 학생은 거의 없었다고 볼 수 있으며 그 비율은 불과 0.1퍼센트였다. 그 후로 10년이 지나도 이 비율은 2퍼센트에 그쳤다.

하지만 1964년에 제정된 공민권법을 토대로 보건·교육·복지청과 재판소가 지방 교육에 대한 재정 조성 등을 통해 적극적으로 인종 통합 교육을 촉진한 결과, 남부에서 인종 분리를 폐지한 학교에 통학하는 흑인 학생의 수가 급증했으며 그 비율은 1966년 단숨에 15퍼센트까지 늘어났다. 계속해서 이 비율은 1968년 18퍼센트, 1973년 46퍼센트로 비약적으로 늘어났다. 통합 교육에 대한 적절한 행정 조치를 하지 않았던 북부와 서부 지역이 28퍼센트와 29퍼센트에 그친 것에 비해 남부에서는 현저한 변화를 보인 것이다.

통합 교육의 성과를 조사한 바에 따르면, 인종 분리를 계속한 학교의 학생에 비해 인종 분리를 폐지한 학교의 학생이 학력과 졸업률 모두 높게 나타났다. 하지만 인종 분리를 폐지한 학교에서도 능력별 반 편성에 의해 흑인들이 대부분 저학력 반에 배치되면서 '또 다른 분리' 현상이 나타났다. 대도시 학교에서는 백인들의 교외 지역 이주로 백인 학생 수가 크게 감소했는데, 1980년에는 백인 학생의 비율이 수도 워싱턴에서는 4퍼센트, 애틀랜타에서 8

퍼센트, 뉴어크에서 9퍼센트, 디트로이트에서는 12퍼센트까지 낮아졌다. 이처럼 몇몇 도시에서는 인종 분리 폐지에 따른 통합 교육 정책이 분기점을 맞기도 했다.

1980년 20세 후반의 청년층에서 고등학교를 졸업한 사람의 비율이 백인은 87퍼센트 이상이었던 것에 비해 흑인은 빠른 증가세와 상관없이 그 비율이 약 70퍼센트에 그쳤다. 또 고등학교를 졸업하고 대학에 진학하는 흑인 학생의 비율은 1973년 39퍼센트에서 1977년 48퍼센트로 상승하면서 백인의 대학 진학 비율과 거의 같은 수준에 도달했다. 하지만 그 비율은 다시 감소하기 시작해 1983년에는 38퍼센트, 1986년에는 36.5퍼센트로 낮아졌다. 한편, 1973년부터 1984년 사이 백인의 대학 진학률은 48퍼센트에서 57퍼센트로 상승했다. 그렇지만 일부 흑인의 교육 달성도는 매우 높게 나타났는데 예컨대 1987년 하버드, 와튼, 콜롬비아, 미시간의 4개 명문 경영학 대학원에서 석사 학위를 받은 학생 중 흑인이 약 7퍼센트를 차지하는 것으로 나타났다.

반대로 흑인의 생활환경 특히 보건 위생의 관점에서 주목해야 할 한두 가지 사정을 살펴보면 최근 크게 개선되었다고는 하지만 1985년까지도 흑인 유아(생후 1년 이내)

의 사망률은 백인의 경우 1,000명 중 9.3명꼴이었던 것에 비해 18.2명으로 2배나 더 높다. 이를 주별로 살펴보면, 흑인 유아 사망률이 가장 낮은 주의 비율(10.1명)보다 높다. 다시 말해, 전미의 어떤 주에서도 흑인 유아 사망률은 백인 유아 사망률보다 높다. 당시 일본의 비율이 6명이었던 것을 생각하면 선진국 미국의 흑인 유아 사망률이 얼마나 높았는지 알 수 있다.

또한 출생 당시 체중이 2.5킬로그램에 못 미치는 저체중아가 태어날 비율은 사산과는 별개로 1987년 백인이 1,000명 중 5.6명이었던 것에 비해 흑인은 12.4명으로 역시 2배 이상 높다. 게다가 이런 경향은 백인의 경우 계속 저하하고 있지만, 흑인은 증가세를 보인다. 1973년부터 1983년까지 1.5킬로그램 이하의 초저체중아 출생률은 백인의 경우 3퍼센트로 감소했지만, 흑인은 13퍼센트까지 증가했으며 유아 사망의 원인 중 저체중아 사망이 60퍼센트를 차지했다.

이런 원인은 산모의 술, 담배, 각성제 섭취 등의 문제를 비롯해 산전 관리의 부실 또는 결핍 때문인 경우가 많다. 산모가 중증 알코올 의존증인 경우 지적 장애를 지닌 자녀가 태어날 확률이 높다는 사실이 밝혀진 바 있다. 하지만 여기서 주의해야 할 것은 이런 문제가 산모 개인의 문제라기보다 그들이 처한 주택 사정, 가정환경, 교육 수준 등의 생활 상태가 열악하다는 점에 있다. 또한 수많은 흑인이 이런 열악한 사회 환경을 벗어나지 못하고 있는 것이 지금의 현실이다.

출산 이후 유아를 충분히 보살피지 못하는 이유 중 하나로 미혼모를 포함한 청소년의 임신과 가정 붕괴를 들 수 있다. 1984년 흑인 청소년 산모에 의한 출산이 20퍼센트에 이르렀다. 백인의 11.1퍼센트에 비하면 역시 2배가량 높은 수준이다. 충분한 육아 지식과 양육에 필요한 의식주를 제공할 만한 여유가 없기에 맹장염 같은 간단한 질병에 걸려도 의사의 진료를 받지 못하는 부모나 최근 급격히 증가하고 있는 흑인 모자 가정에서 유아 사망이 늘어나는 것은 불 보듯 뻔하다.

이와 관련해 평균 수명을 살펴보면, 1990년 11월 전국 보건 통계센터가 발표한 수치에 따르면 1900년의 평균 수명은 백인이 47.6세, 비백인은 33세로 그 차이가 14.6세에 **달했다**(1970년까지 흑인만 조사한 통계 자료가 없었으며 '백인'과 '그 밖의 인종'으로 나타냈는데 '그 밖의 인종' 중 90퍼센트 이상이 흑인이었다). 1984년에는 백인이 75.3세, 흑인이 69.7세로 고령화하면서 그 차이가 5.6세로 줄어들었지만 1987년에는 백인이 75.6세, 흑인이 69.4세로 또다시 그 차이가 6.2세로 벌어졌다. 또 1988년 백인의 평균 수명에 변화가 없었던 것에 비해 흑인은 69.2세로 0.2세 낮아지면서 결과적으로 미국인 전체의 평균 수명이 1년간 75세에서 74.9세로 낮아졌다.

평균 수명에 크게 영향을 미치는 요인 중 하나가 위에서 언급한 유아 사망률이라는 것을 생각하면 오늘날 미국 흑인이 직면하고 있는 최대의 문제가 그들이 처한 경제 상황이라는 것을 쉽게 알 수 있다.

경제 상황

19세기 말까지 흑인은 전체 인구 중 90퍼센트 이상이 남부에 거주했으며 지금도 절반가량이 남부에 살고 있다. 하지만 금세기 들어 북부와 서부 지역으로의 이동이 크게 늘었는데 특히 제2차 세계 대전 이후 남부의 공업화가 이루어지면서 농업 지대를 떠난 흑인의 도시 집중화 현상이 전국적으로 빠르게 진행되었다.

다음에 소개한 〈표6〉과 〈표7〉은 1980년의 국세 조사

〈표6〉 10개 대도시 인구 중 흑인이 차지하는 비율(%)

도시명	1960년	1970년	1980년		
	흑인	흑인	흑인	전체 인구 (천 명)	인구 순위
뉴욕	14.0	21.1	25.2	7,071	1
시카고	22.9	32.7	39.8	3,005	2
로스앤젤레스	13.5	17.9	17.0	2,967	3
필라델피아	26.4	33.6	37.8	1,688	4
휴스턴	22.9	25.7	27.6	1,594	5
디트로이트	28.9	43.7	63.1	1,203	6
댈러스	19.0	24.9	29.4	904	7
샌디에이고	6.0	7.6	8.9	876	8
피닉스	4.8	4.8	4.9	790	9
볼티모어	34.7	46.4	54.8	787	10

출처: U. S. Bureau of the Census, Statistical Abstract of the United States, 1981, pp. 21-23.

를 토대로 흑인의 도시 집중화 상황과 전국의 백인과 흑인의 주별 인구를 나타낸 것이다.

1960년 전국 흑인 인구의 60퍼센트를 차지하던 남부의 흑인 인구는 1965년에는 54퍼센트, 1970년에는 53퍼센트, 1975년에는 52퍼센트로 감소했으나 그 무렵 남부 여러 도시로의 역류 현상이 나타나 1980년에는 다시 53퍼센트로 돌아갔다. 한편, 1960년 전국의 백인 도시 인구는 69.5퍼센트, 흑인 도시 인구는 73.3퍼센트였는데 1970년이 되자 백인 도시 인구는 72.4퍼센트, 흑인 도시

〈표7〉 미합중국의 주별 인구(1980년, 단위: 천 명)

주	주 인구	백인	흑인	흑인 인구 비율
* 앨라배마	3,894	2,873	996	25.6(%)
알래스카	402	310	14	3.5
애리조나	2,718	2,241	75	2.8
* 아칸소	2,286	1,890	374	16.4
캘리포니아	23,668	18,031	1,819	7.7
콜로라도	2,890	2,571	102	3.5
코네티컷	3,108	2,799	217	7.0
* 워싱턴 D. C	638	172	449	70.4
* 델라웨어	594	488	96	16.2
* 플로리다	9,746	8,185	1,343	13.8
* 조지아	5,463	3,947	1,465	26.8
하와이	965	319	17	1.8
아이다호	944	902	3	0.3
일리노이	11,427	9,233	1,675	14.7
인디애나	5,490	5,004	415	7.6
아이오와	2,914	2,839	42	1.4
캔자스	2,364	2,168	126	5.3
* 켄터키	3,661	3,379	259	7.1
* 루이지애나	4,206	2,912	1,238	29.4
메인	1,125	1,110	3	0.3
매사추세츠	5,737	5,363	221	3.9
* 메릴랜드	4,217	3,159	958	22.7
미시간	9,262	7,872	1,199	12.9
미네소타	4,076	3,936	53	1.3
* 미시시피	2,521	1,615	887	35.2
미주리	4,917	4,346	514	10.5
몬태나	787	740	2	0.3
* 노스캐롤라이나	5,882	4,458	1,319	22.4
노스다코타	653	626	3	0.5

주	주 인구	백인	흑인	흑인 인구 비율
뉴햄프셔	921	910	4	0.4
뉴저지	7,365	6,127	925	12.6
뉴멕시코	1,303	978	24	1.8
뉴욕	17.558	13.961	2,402	13.7
네브래스카	1,570	1,490	48	3.1
네바다	800	700	51	6.4
오하이오	10,798	9,597	1,077	10.0
* 오클라호마	3,025	2,598	205	6.8
오리건	2,633	2,491	37	1.4
펜실베이니아	11,864	10,652	1,047	8.8
로드아일랜드	947	897	28	3.0
* 사우스캐롤라이나	3,122	2,147	949	30.4
사우스다코타	691	640	2	0.3
* 테네시	4,591	3,835	726	15.8
* 텍사스	14,229	11,198	1,710	12.0
유타	1,461	1,383	9	0.6
* 버지니아	5,347	4,230	1,009	18.9
버몬트	511	507	1	0.2
* 웨스트버지니아	1,950	1,875	65	3.3
워싱턴	4,132	3,779	106	2.6
위스콘신	4,706	4,443	183	3.9
와이오밍	470	446	3	0.6
전국	226,546	188,372	26,495	11.7

출처: U. S. Bureau of the Census, Statistical Abstract of the United States, 1982-83, p. 32. 주 인구 중 흑인 인구의 비율은 필자의 계산.

비고: 1) * 표시가 있는 주는 현재 국세 조사 지역 구분에 의한 남부 지역으로, 그 흑인 인구는 합중국 흑인 총 인구의 53퍼센트다.

2) 각 주의 인구는 백인, 흑인 이외의 인구를 포함한다.

인구는 81.3퍼센트로 증가했다. 〈표6〉에도 나타나 있듯 흑인의 대도시 집중화 경향은 크게 진전되었다. 전미 여러 도시 중 흑인 인구가 70퍼센트가 넘는 곳은 수도 워싱턴(1980년의 도시 인구 순위는 15위)뿐이지만 1980년 디트로이트의 흑인 인구는 이 도시 전체 인구의 63.1퍼센트, 볼티모어는 54.8퍼센트, 시카고는 39.8퍼센트, 필라델피아는 37.8퍼센트 등으로 그 비율이 현저히 높다. 참고로, 1980년 1위 뉴욕부터 10위 볼티모어까지 10개 대도시 전체 인구 중 흑인 인구가 차지하는 비율은, 그해 합중국 전체 인구 중 흑인 인구가 차지하는 비율이 11.7퍼센트였던 것에 대해 약 22퍼센트였다. 당시 대다수 흑인이 도시 중심부에 거주하며 전미 각지에 게토를 형성했다.

그런 상황에서 흑인의 직업 구성에도 큰 변화가 일어났다. 과거 압도적으로 높았던 농업 종사자들의 비율이 점차 제조업과 서비스업으로 바뀌었다.

조금 더 구체적으로 살펴보면, 1960년대 말부터 1970년대까지 남성의 경우는 공장 노동자 등의 블루칼라 직종이나 사무, 판매 등의 서비스 업무 그리고 더욱 눈에 띄는 특징으로는 전문직과 같은 화이트칼라 직종으로의 진출이 두드러졌다. 그 결과, 1960년대에는 개인 서비스업, 소매업, 건축업 등의 분야에 종사하는 흑인이 과반수를 차지했으나 1980년대가 되면 자영업자 중에서도 금융업, 보험업, 부동산업, 운송업, 통신업, 도매업 등의 분야에까지 널리 진출하게 되었다.

한편, 여성의 경우 과거에는 가사 고용인 등의 가내 서비스 업무가 대부분을 차지했지만, 공장, 점포, 사무소 등에서의 업무 외에도 일부 흑인 여성들은 전문직에 진출하기도 했다. 그러나 흑인 여성들의 전문직 진출은 1980년대가 되면 백인 여성들의 진출에 눌려 후퇴하는 경향을 보였다. 흑인 여성들의 직업으로는 호텔 청소, 세탁, 가사 도우미, 간호 보조, 복지 서비스 도우미 등의 분야가 여전히 대부분을 차지한다.

〈표8〉에도 나타나 있듯 화이트칼라층, 블루칼라층, 서비스업 모두에서 백인과의 격차는 분명히 존재하며 특히, 서비스업에서 흑인이 차지하는 비율이 매우 높다. 또 블루칼라 계층에서는 격차는 그리 크지 않은 듯 보이지만 그 직종을 살펴보면 흑인은 백인과 비교해 숙련 노동자 비율이 낮고 반대로 반숙련·비숙련 노동자의 비율이 높다. 이 비율은 1980년의 조사에 따르면 백인이 17.8퍼센트, 흑인이 26.3퍼센트였다.

〈표8〉 인종별 직업 구성 비율(%)

직종	흑인		백인	
	1975년	1982년	1975년	1982년
화이트칼라	30.9	38.4	51.7	55.3
블루칼라	39.2	35.1	32.4	29.2
서비스업	27.2	25.0	12.3	12.6
농업	2.7	1.6	3.5	2.9

출처: U. S. Bureau of the Census, Statistical Abstract of the United States, 1984, p. 417.

〈표9〉 인종별 실업자 비율

	백인	흑인 외		백인	흑인 외
1960년	4.9%	10.2%	1975	7.8%	14.8%
1961	6.0	12.4	1976	7.0	13.1
1962	4.9	10.9	1977	6.2	14.0
1963	5.0	10.8	1978	5.2	12.8
1964	4.6	9.6	1979	5.1	12.3
1965	4.1	8.1	1980	6.3	14.3
1966	3.3	7.3	1981	6.7	15.6
1967	3.4	7.4	1982	8.6	18.9
1968	3.2	6.7	1983	8.4	19.5
1969	3.1	6.4	1984	6.5	15.9
1970	4.5	8.2	1985	6.2	15.1
1971	5.4	9.9	1986	6.0	14.5
1972	5.0	10.0	1987	5.3	13.0
1973	4.3	8.9	1988	4.7	11.7
1974	5.0	9.9			

출처: U. S. Bureau of the Census, The Social and Economic Status of the Black Population, Current Population Reports, Series P-23, No. 80, p. 69; Do., Statistical Abstract of the United States, 1981, p. 391; 1990, p. 380.

비고: 1977년 이후부터 '흑인 외' 란의 수치는 흑인만 포함.

<표10> 1983년의 인종·연령별 실업자 비율

인종·연령	실업률(%)	인종·연령(세)	실업률(%)
백인	8.4	흑인	19.5
16-19세	19.3	16-19세	48.5
20-24	12.1	20-24	31.6
25-34	8.4	25-34	19.0
35-44	6.3	35-44	12.4
45-54	5.7	45-54	10.6
55-64	5.2	55-64	9.2
65-	3.1	65-	9.4

출처: U. S. Bureau of the Census, Statistical Abstract of the United States, 1985, p. 394를 참고로 작성.

주택 사정, 가정환경, 교육 수준 등에서 나타나는 흑인들의 열악한 생활 상태는 그들의 만성적 실업에 가장 단적으로 드러난다. 흑인의 실업률은 <표9>에서도 알 수 있듯 1970년대 후반 이후 계속해서 10퍼센트대를 기록하며 항상 백인 실업률의 2배 또는 그 이상이었다.

그 비율이 1980년대 전반에는 15퍼센트가 넘고 1983년에는 19.5퍼센트라는 놀라운 수치를 기록했다. 그해 흑인의 실업률은 백인의 2.3배에 달했는데 특히 16세부터 19세까지의 청년의 경우가 <표10>에도 나타나 있듯 가장 심각했다. 같은 연령대 백인과의 격차가 2.5배라고는 하지만 실제 해당 연령대의 흑인 절반에 가까운 48.5

<표11> 연간 가족 수입의 비교(중앙치, 단위: 달러)

연도	백인	흑인	백인에 대한 흑인 비율%
1960	5,835	3,230	55
1965	7,251	3,993	55
1970	10,236	6,279	61
1971	10,672	6,440	60
1972	11,549	6,864	59
1973	12,595	7,269	58
1974	13,408	8,006	60
1975	14,268	8,779	62
1976	15,537	9,242	59
1977	16,740	9,563	57
1978	18,368	10,879	59
1979	20,439	11,574	57
1980	21,904	12,674	58
1981	23,517	13,266	56
1982	24,603	13,598	55
1983	25,837	14,561	56
1984	27,686	15,432	56
1985	29,152	16,786	58
1986	30,809	17,604	57
1987	32,274	18,098	56
1988	33,915	19,329	57

출처: U. S. Bureau of the Census, Statistical Abstract of the United States, 1990, p. 450에서 작성.

퍼센트 즉, 2명에 1명꼴로 직업을 갖지 못했다는 말이다. 과거에는 흑인이 '가장 먼저 해고되고 가장 늦게 고용된다First fired, last hired'라는 말도 있었지만, 최근에는 일단 해고되면 재취직조차 어려운 실정이다.

이런 결과는 자연히 소득에도 반영된다. 〈표11〉은 과거 30년간 흑인 가족의 연간 수입(중앙치)을 나타낸 것으로, 이 기간 내내 백인 가족의 절반가량 즉, 55퍼센트에 머물며 가장 높았던 해도 62퍼센트에 그쳤다. 1988년의 연간 수입은 백인 가족이 3만 3,915달러, 흑인 가족이 1만 9,329달러로 비율로 따지면 57퍼센트에 해당한다. 또 소득 계층별로 본 가족 수의 비율을 나타낸 〈표12〉에 따르면, 같은 해 전체 가족 중 연간 수입 1만 달러 미만의 가족이 차지하는 비율은 백인이 8.5퍼센트, 흑인은 27.3퍼센트로 3.2배나 된다.

흑인 가족만 살펴보면, 1970년 전체 가족 중 연간 수입 5천 달러 미만의 가족이 차지하는 비율은 8.4퍼센트였으나 매년 증가해 1988년에는 11.9퍼센트에 달했다. 한편, 연간 수입 5만 달러 이상의 가족이 차지하는 비율도 6.7퍼센트에서 12.6퍼센트로 증가해 백인 가족 이상으로 빈부 격차가 크게 나타나 흑인 내부에서의 분극화가 진행되었다.

이처럼 낮은 소득 수준을 보이는 흑인 가족은 정부가 일정 기준을 토대로 매년 산정하는 빈곤 수준* 이하의 극

---

* 1990년도 《미국 통계연감》에 따르면, 1988년의 빈곤 수준poverty level은 독신 가족

빈 가족의 높은 비율을 점하는 만성적 존재가 되었다. 〈표13〉으로 그 사정을 확인할 수 있다. 1970년 이후 현재까지 흑인 빈곤 가족은 전체 흑인 가족의 30퍼센트 전후로, 백인 빈곤 가족과 비교하면 가장 낮은 때가 3.2배, 가장 높을 때는 4.1배에 달했다.

지금까지 몇 가지 문제를 통해 오늘날 미국 흑인의 전반적인 상황에 대해 살펴보았다. 그 내용을 한마디로 요약하면, 미국의 이른바 '흑인 문제'는 앞서 자세히 설명한 바 있는 공민권 운동의 눈부신 성과에도 불구하고 여전히 해결되지 않고 있다는 것이다. 정치적 권리를 비롯해 사회적, 경제적 권리에 대해서도 흑인들은 법률상의 평등을 거의 손에 넣었다. 하지만 이번 장을 통해 볼 수 있었듯 흑인 대중들의 경제 상황은 최근 들어 오히려 더 악화되고 있다. 그것은 그들의 존재 자체가 고도로 발달한 미국 자본주의의 중요한 존립 기반의 하나로 사회 경제 기구 안에 차별적인 형태로 편입되었기 때문이다.

따라서 오늘날 미국 '흑인 문제'의 본질은 단순히 인종이나 편견의 문제라기보다 그것을 매개체로 하여 빈곤이

6,024달러, 2인 가족 7,704달러, 3인 가족 9,436달러, 4인 가족이 1만 2,092달러(9인 가족 이상까지 있지만 생략)였다. (U. S. Bureau of the Census, Statistical Abstract of the United States, 1990, p. 423)

<h3>〈표12〉 소득 계층별 가족 수의 비율(%)</h3>

달러	백인							(년)
	1970	1975	1980	1984	1985	1986	1987	1988
4,999	2.7	2.2	2.6	3.2	3.3	3.1	3.0	3.0
5,000 - 9,999	6.2	6.3	6.4	6.5	6.5	6.0	5.7	5.5
10,000 - 14,999	7.7	8.8	8.7	8.9	8.5	8.1	8.1	8.1
15,000 - 24,999	19.7	19.7	19.5	18.8	18.8	18.2	17.7	17.7
25,000 - 34,999	22.4	20.5	19.8	18.9	18.2	17.9	17.5	17.4
35,000 - 49,999	22.6	22.7	22.0	20.8	20.6	20.9	21.0	21.0
50,000 -	18.6	19.7	21.0	22.9	24.0	25.8	26.8	27.4

달러	흑인							(년)
	1970	1975	1980	1984	1985	1986	1987	1988
4,999	8.4	6.9	10.1	12.6	11.6	12.5	12.6	11.9
5,000 - 9,999	16.2	18.3	17.3	17.6	16.8	15.5	15.9	15.4
10,000 - 14,999	13.5	14.7	15.3	14.4	12.8	13.3	12.1	13.6
15,000 - 24,999	26.2	23.2	21.2	20.8	21.8	20.0	21.5	19.7
25,000 - 34,999	16.6	16.4	15.4	14.3	14.4	14.2	13.3	13.4
35,000 - 49,999	12.5	13.7	12.6	11.4	13.1	13.6	13.4	13.3
50,000 -	6.7	6.9	8.0	8.9	9.5	10.8	11.2	12.6

출처: U. S. Bureau of the Census, Statistical Abstract of the United States, 1990, p. 450.

<h3>〈표13〉 빈곤 수준 이하 가족 수의 비율</h3>

연도	백인(%)	흑인(%)	백인에 대한 흑인의 비율(배)	연도	백인(%)	흑인(%)	백인에 대한 흑인의 비율(배)
1970	8.0	29.5	3.7	1981	8.8	30.8	3.5
1975	7.7	27.1	3.5	1982	9.6	33.0	3.4
1976	7.1	27.9	3.9	1983	9.7	32.3	3.3
1977	7.0	28.2	4.0	1984	9.1	30.9	3.4
1978	6.9	27.5	4.0	1985	9.1	28.7	3.2
1979	6.8	27.6	4.1	1986	8.6	28.0	3.3
1980	8.0	28.9	3.6	1987	8.2	29.9	3.6

출처: U. S. Bureau of the Census, Statistical Abstract of the United States, 1990, p. 460.&

라는 형태로 드러난 특수한 미국적 체제의 문제이자 계급의 문제로 생각해야 한다. 이 점에 대해서는 더욱 근본적인 실증적, 이론적 해명이 필요하지만 그것은 향후의 과제로 미루고 만년의 킹 목사가 한 말을 빌려 이 책을 끝맺고자 한다.

블랙 파워가 등장하면서 흑인 해방 운동뿐 아니라 자신의 사상과 행동에도 커다란 전기를 맞은 무렵, 앞으로의 운동 방향에 대해 진지하게 고민했던 킹 목사는 그의 마지막 저작이 된 『흑인이 가야 할 길Where Do We Go from Here』에서 다음과 같이 말했다.

'블랙 파워'라는 슬로건보다 '가난한 사람들을 위한 파워'라는 슬로건이 더 적당하지 않을까. ……흑인 문제는 미국 사회 전체가 더욱 진보된 경제적 정의를 향한 새로운 방향 전환 없이는 해결할 수 없다.

미국 흑인사 간략 연표

1607 영국, 북미 최초의 항구적 식민지 건설(제임스타운)

1619 아프리카 흑인 20명, 네덜란드 선박을 이용해 제임스타운에 '입식'되다

1620 순례 시조 41명, 선상에서 '메이플라워 서약'에 서명

1641 매사추세츠에서 노예제도를 합법화(이후, 다른 식민지에서도 이를 따른다)

1663 버지니아에서 최초의 대규모 노예 폭동

1672 영국, 왕립 아프리카 회사 설립(영국 노예무역의 급속한 확대)

1676 나다니엘 베이컨의 반란

1739 사우스캐롤라이나에서 카토의 노예 폭동

1770 자유 흑인 크리스퍼스 애터크스, '보스턴 학살'에서 영국군의 총탄에 희생되다(미국 독립 혁명 최초의 희생자 중 한 사람)

1773 매사추세츠의 흑인, 의회에 자유를 요구하는 청원서 제출
     보스턴 '티 파티 사건'

1775 영국과 본격적인 무력 전쟁이 시작되다(~1781년)
     벤저민 프랭클린, 필라델피아에서 최초의 노예제 반대협회 설립
     토머스 페인, 노예제 반대 논설 발표
     영국군에 참가한 노예에게 자유를 준다는 취지의 '던모어 경의 포고'

1776 독립 혁명군, 자유 흑인의 군대 참가를 승인
     독립선언

1777 버몬트에서 노예제도를 폐지

1780 펜실베이니아에서 노예의 점차적 해방을 결정

1783 매사추세츠에서 노예제도를 폐지

1784 코네티컷, 로드아일랜드에서 노예의 점차적 해방을 결정

1787 북서부 영지 조례로 오하이오강 이북의 북서부 지역의 노예제
도를 금지

1789 합중국 헌법 제정('3/5조항'과 노예무역 존속 등을 승인함으로써 헌법으로 흑
인 노예제도를 용인)

1790 프랑스령 아이티에서 노예 혁명(1803년 흑인 공화국 성립)

1793 도망 노예 단속법 성립
엘리 휘트니, 면직기 발명(남부 면화 재배 발전의 계기가 된다)

1794 노예제 반대협회 전국대회, 필라델피아에서 개최
리처드 알렌, 필라델피아에 베젤 교회(최초의 흑인 감리교 감독 교회)
설립

1799 뉴욕주에서 노예의 점차적 해방을 결정

1800 버지니아주에서 가브리엘 프로서의 노예 폭동 계획 발각

1802 덴마크, 자유령 내에서의 노예무역을 금지

1804 뉴저지주에서 노예의 점차적 해방을 결정

1808 노예무역 금지법(1807년) 발효
영국, 노예무역을 금지

1816 수도 워싱턴에서 미국 식민협회 설립

1818 프레더릭 더글러스 출생(~1895년)

1819 프랑스, 노예무역을 금지

1820 '미주리 협정' 성립(북위 36도 30분을 자유주와 노예주의 경계로 정하다)

1822 사우스캐롤라이나주에서 덴마크 베시의 노예 폭동 계획 발각

1827 뉴욕에서 최초의 흑인 신문 《프리덤스 저널》 창간

1829 데이비드 워커, 보스턴에서 《호소》를 공개

1830 전국 흑인 집회, 필라델피아에서 개최(대규모 '흑인 집회운동'의 시초)

1831 윌리엄 L. 개리슨, 보스턴에서 《해방자》를 발행
버지니아주에서 냇 터너의 노예 폭동

1832 뉴잉글랜드 노예제 반대협회 설립

1833 미국 노예제 반대협회 설립

영국, 자국령 서인도제도의 노예제도를 폐지

1840 노예제 폐지론자들, 자유당 결성

세계 반노예제 대회, 런던에서 개최

1845 텍사스 병합

1846 멕시코 전쟁(~1848년)

'윌모트 건의'

1847 프레더릭 더글러스, 로체스터에서 《북극성》을 창간

1850 '1850년의 타협'으로 한층 강력한 도망 노예 단속법이 제정되
었다

1852 스토 부인의 『톰 아저씨의 오두막』 출간

1854 캔자스-네브래스카법 성립

공화당 결성

1856 부커 T. 워싱턴 출생(~1915년)

1857 최고재판소의 '드레드 스콧 판결(드레드 스콧 대 샌포드 사건)'

1858 '링컨-더글러스 논쟁'

1859 하퍼스 페리에서 존 브라운의 무장봉기

1860 에이브러햄 링컨, 대통령 당선

1861 연방에서 분리한 남부 여러 주, '남부 연합'을 결성

1861 남북전쟁 발발(~1865년)

1862 수도 워싱턴에서 노예제도 유상 폐지

1863 노예 해방 선언

1865 링컨 대통령 암살

해방민국 설립

헌법 수정 제13조(노예제도의 폐지) 성립

큐 클럭스 클랜KKK, 테네시주에서 결성

1866 공민권법 성립

피스크대학교 설립

1867 재건법 성립

하워드대학교 설립

1868 헌법 수정 제14조(흑인의 공민권 부여) 성립
    W. E. B. 듀보이스 출생(~1963년)

1869 전국 흑인 노동 동맹 결성

1870 헌법 수정 제15조(흑인의 선거권 부여) 성립
    공민권법 성립
    미국 역사상 최초로 남부 정계에 흑인이 진출하고 연방의회 의
    석을 점하다

1875 공민권법 성립

1877 '헤이스-틸던의 타협' 성립(남부 재건 시대의 종료)

1881 B. T. 워싱턴, 터스키기대학교를 설립

1883 최고재판소, 1875년 공민권법에 위헌 판결

1886 전국 흑인 농민동맹-협동조합동맹 설립(인민당 운동에 참가)

1889 이 무렵부터 흑인에 대한 린치 격화

1890 미시시피주에서 흑인 선거권 박탈(이후, 흑인 선거권 제한이 남부 각 주
    로 파급)

1892 린치로 인한 흑인의 연간 사망자 수 정점에 달하다

1895 B. T. 워싱턴의 '애틀랜타 연설(애틀랜타의 타협)'

1896 최고재판소, '분리하되 평등하다'는 차별이 아니라는 인종차별
    에 합헌 판결(플레시 대 퍼거슨 사건)
    전국 흑인 여성협회 결성

1903 W. E. B. 듀보이스의 『흑인의 영혼』 출간

1905 '나이아가라 운동' 개시

1909 전국 흑인 향상협회NAACP 결성(이듬해 기관지 《위기》 발행)

1911 전국 도시동맹NUL 결성(이 무렵부터 남부 농촌에서 북부 도시로의 흑인 이
    주가 늘어났다)

1914 마커스 가비, 전국 흑인 지위 향상협회를 결성

1915 흑인 생활·역사 연구협회 설립(이듬해 연구지 《흑인사》 창간)
    NAACP, 린치 반대위원회를 설치

1919 시카고를 비롯한 각지에서 인종 폭동 발생

1920 이 무렵부터 '니그로 르네상스(할렘 르네상스)'가 시작되다

1924 이민 제한법 성립.

이 무렵, 제2차 KKK의 왕성한 활동(회원 수 약 500만 명)

1929 마틴 루터 킹(2세) 출생(~1968년)

1930 미국 공산당, 흑인 인권 투쟁 동맹을 설치

1931 앨라배마주에서 '스코츠버러 사건' 발생

1934 시카고에서 검은 회교도 운동 활동 개시

1936 전국 흑인회의 결성

1941 A. 필립 랜돌프, 워싱턴 행진을 계획

프랭클린 D. 루스벨트, 대통령 행정명령 제8802호(흑인 고용의 공
정화)를 발령

1942 인종평등회의CORE 결성

1944 최고재판소, 정당의 예비 선거에서의 흑인 배제에 위헌 판결(스
미스 대 올브라이트 사건)

1945 뉴욕주와 뉴저지주에서 반차별법 제정

1946 해리 S. 트루먼 대통령, 공민권 위원회를 설치

1948 트루먼 대통령, 행정명령 제9981호(군대 내부의 인종 분리 금지)를 발령

1949 뉴저지주에서 공정 고용 실시법 제정(이후, 북부·서부 각 주에서 제정)

1950 랠프 J. 번치, 미국 흑인 최초의 노벨 평화상 수상

1953 루이지애나주 배턴루지에서 버스의 인종 분리 반대 운동 개시

1954 최고재판소, 공립학교에서의 인종 분리에 위헌 판결(브라운 대 교
육위원회 사건)

1955 앨라배마주 몽고메리에서 대규모 버스 승차 거부 운동 개시(이
듬해 최고재판소는 '버스의 인종 분리는 위헌'이라고 판결)

백인 시민 회의의 조직화 시작되다

1956 앨라배마대학교에서 '루시 사건' 발생

남부 선출 국회의원의 '남부 선언(최고재판소의 브라운 판결에 대한 항의)'

1957 마틴 L. 킹을 중심으로 남부 기독교 지도자회의SCLC 결성

공민권법 성립(재건기 이후, 최초의 공민권법)

'리틀록 고교 사건' 발생

1960 노스캐롤라이나주 그린즈버러에서 '연좌 운동' 시작되다(남부 전역으로 확대)

학생 비폭력 조정위원회SNCC 결성

공민권법 성립

최고재판소, 장거리 버스 안에서뿐 아니라 터미널 등의 각 시설에서 인종 분리 금지 판결(보인턴 대 버지니아 사건)

1961 '자유를 위한 승차 운동' 시작되다

존 F. 케네디 대통령, 평등 고용 위원회를 설치

1962 미시시피대학교에서 '메러디스 사건' 일어나다

1963 버밍엄에서 '프로젝트 C 운동'(시 당국에 대한 차별 철폐 투쟁)

메드거 에버스 사살되다

'워싱턴 대행진'에 약 20만 명 결집

케네디 대통령 암살되다

1964 헌법 수정 제24조(국정 선거의 납세 규제 금지) 성립

강력하고 포괄적인 공민권법 성립

미시시피 자유민주당(흑인 중심)의 결성

'미시시피 서머 프로젝트'(3명의 활동가가 살해되는 사건 발생)

할렘을 시작으로 여러 도시에서 인종 폭동 빈발('길고 무더운 여름'의 시작)

마틴 L. 킹, 노벨 평화상 수상

1965 말콤 X 암살되다

셀마에서 몽고메리까지 '자유의 행진' 시작

공민권법(흑인의 투표권 강화) 성립

와츠의 대규모 폭동

1966 로버트 C. 위버, 최초의 흑인 각료(주택도시개발청 장관)이 되다

'메러디스 행진'(공민권 단체 간의 방침 차이가 표면화)

스토클리 카마이클, '블랙 파워'를 제창

흑표범 당 결성

1967 디트로이트의 대규모 폭동

클리블랜드, 개리에서 대도시 최초의 흑인 시장 탄생

서굿 마셜, 최초의 연방 최고재판소 흑인 판사로 임명되다

1968 마틴 L. 킹 암살되다

전미 125개 도시에서 인종 폭동

랠프 애버내시, '빈자의 행진'을 개시하다

공민권법(주택 차별 금지) 성립

1972 전국 흑인 정치집회 개최

1976 알렉스 헤일리의 『경로』출간(이듬해 TV 드라마로 방영)

1977 앤드류 양, 최초의 흑인 국제연합 대사가 되다

퍼트리샤 R. 해리스, 최초의 흑인 여성 각료(주택도시개발청 장관)가
되다

1978 최고재판소의 '역차별' 판결(캘리포니아대학교 평의원 대 바키 사건)

1983 '워싱턴 대행진' 20주년 기념집회

마틴 L. 킹 기념 국민축일 제정(1986년부터 시행)

그 해, 흑인의 실업률이 19.5퍼센트에 달했다

1988 '워싱턴 대행진' 25주년 기념집회

1989 로렌스 더글러스 와일더, 버지니아주에서 최초의 흑인 지사 당선

데이비드 딘킨스, 전미 최대 도시 뉴욕 최초의 흑인 시장으로
당선

1990 샤론 프랫 딕슨, 수도 워싱턴 최초의 흑인 여성 시장으로 당선

옮긴이 후기

2020년 5월 미국 미네소타 주에서 조지 플로이드라는 한 흑인 남성이 경찰의 과잉 진압으로 사망하는 사건이 일어났다. 흑인에 대한 경찰의 가혹 행위에 항의하는 시민들의 시위가 들불처럼 번지며 이내 미국은 물론 전 세계 곳곳에서 인종차별에 반대하는 시위가 일어났다. 코로나가 한창 맹위를 떨치던 시기였음에도 사람들은 흑인의 생명도 소중하다Black Lives Matter라고 쓴 피켓을 들고 거리로 쏟아져 나왔다. 불과 수개월 전의 일이다. 그 후로도 크고 작은 인종차별 문제는 끊이지 않고 있다. 그중에서도 미국 흑인에 대한 차별과 편견에서 비롯된 문제들은 다양한 사회적 상황과 맞물려 여전히 현재 진행 중이다. 어째서 이런 불행한 일들이 되풀이되는 것일까. 이 책은 그 오랜 인종 문제의 역사에 대해 해설한다.

수백 년 전 노예로 끌려온 약 20명의 아프리카인이 처음 아메리카 대륙에 발을 디딘 이래 현대에 이르기까지 미국 흑인들의 기나긴 고난과 저항의 역사를 돌아보았다. 인간 이하의 취급을 받으며 고된 노동을 강요받던 시절부터 시민으로서의 기본적인 권리조차 인정받지 못하고 차별당하고 억압받던 세월을 견디다 자유와 권리를 쟁취하기 위한 인권 운동을 전개하며 온갖 방해와 역경에도 굴하지 않고 투쟁한 끝에 이루어낸 노예제 폐지와 공민권 획득의 성과 그리고 미국 최초의 흑인 대통령을 배출하기까지의 지난한 역사를 짚어보고 현대에도 여전히 해결되지 못한 문제들에 대해서도 살펴본다.

오랜 세월 미국사 연구에 몸담은 저자의 명료한 시각과 깊은 이해를 바탕으로 쉽고 간결하게 엮어낸 이 책은 역사적 발전과 함께 변화해온 미국 흑인 문제를 돌아보며 여전히 해결되지 못한 뿌리 깊은 차별과 편견의 실체를 깨닫게 해준다. 또한 단순히 역사적 사건을 나열하는 데 그치지 않고 그 안에서 함께 숨 쉬고 투쟁해온 인물이나 단체의 일화 등과 엮어냄으로써 당시의 상황이나 배경을 이해하는 데 도움을 준다. 나 역시 독자의 한 사람으로서 미국 흑인의 문제만이 아닌 특정 인종이나 문화에 대한 차별과 편견 그리고 진정한 인류애에 대해 생각해볼 수 있는 뜻깊은 시간이었다.

IWANAMI 067

미국 흑인의 역사

―진정한 해방을 향한 발자취―

초판 1쇄 인쇄 2021년 9월 10일
초판 1쇄 발행 2021년 9월 15일

저자 : 혼다 소조
번역 : 김효진

펴낸이 : 이동섭
편집 : 이민규
책임편집 : 조세진
디자인 : 조세연
표지 디자인 : 공중정원
영업·마케팅 : 송정환, 조정훈
e-BOOK : 홍인표, 최정수, 서찬웅, 심민섭, 김은혜
관리 : 이윤미

㈜에이케이커뮤니케이션즈
등록 1996년 7월 9일(제302-1996-00026호)
주소 : 04002 서울 마포구 동교로 17안길 28, 2층
TEL : 02-702-7963~5   FAX : 02-702-7988
http://www.amusementkorea.co.kr

ISBN 979-11-274-4703-8 04940
ISBN 979-11-7024-600-8 04080 (세트)

AMERICA KOKUJIN NO REKISHI SHINPAN
by Souzo Honda
Copyright © 1991, 2008 by Honami Honda
Originally published in 1991 by Iwanami Shoten, Publishers, Tokyo.
This Korean print edition published 2021
by AK Communications, Inc., Seoul
by arrangement with Iwanami Shoten, Publishers, Tokyo

일본의 지성과 양심

이와나미岩波 시리즈

001 이와나미 신서의 역사
가노 마사나오 지음 | 기미정 옮김 | 11,800원

일본 지성의 요람, 이와나미 신서!
1938년 창간되어 오늘날까지 일본 최고의 지식 교양서 시리즈로 사랑받고 있는 이와나미 신서. 이와나미 신서의 사상·학문적 성과의 발자취를 더듬어본다.

002 논문 잘 쓰는 법
시미즈 이쿠타로 지음 | 김수희 옮김 | 8,900원

이와나미 시리즈의 밀리언셀러!
저자의 오랜 집필 경험을 바탕으로 글의 시작과 전개, 마무리까지, 각 단계에서 염두에 두어야 할 필수사항에 대해 효과적이고 실천적인 조언이 담겨 있다.

003 자유와 규율 -영국의 사립학교 생활-
이케다 기요시 지음 | 김수희 옮김 | 8,900원

자유와 규율의 진정한 의미를 고찰!
학생 시절을 퍼블릭 스쿨에서 보낸 저자가 자신의 체험을 바탕으로, 엄격한 규율 속에서 자유의 정신을 훌륭하게 배양하는 영국의 교육에 대해 말한다.

004 외국어 잘 하는 법

지노 에이이치 지음 | 김수희 옮김 | 8,900원

외국어 습득을 위한 확실한 길을 제시!!

사전·학습서를 고르는 법, 발음·어휘·회화를 익히는 법, 문법의 재미 등 학습을 위한 요령을 저자의 체험과 외국어 달인들의 지혜를 바탕으로 이야기한다.

005 일본병 -장기 쇠퇴의 다이내믹스-

가네코 마사루, 고다마 다쓰히코 지음 | 김준 옮김 | 8,900원

일본의 사회·문화·정치적 쇠퇴, 일본병!

장기 불황, 실업자 증가, 연금제도 파탄, 저출산·고령화의 진행, 격차와 빈곤의 가속화 등의「일본병」에 대해 낱낱이 파헤친다.

006 강상중과 함께 읽는 나쓰메 소세키

강상중 지음 | 김수희 옮김 | 8,900원

나쓰메 소세키의 작품 세계를 통찰!

오랫동안 나쓰메 소세키 작품을 음미해온 강상중의 탁월한 해석을 통해 나쓰메 소세키의 대표작들 면면에 담긴 깊은 속뜻을 알기 쉽게 전해준다.

007 잉카의 세계를 알다

기무라 히데오, 다카노 준 지음 | 남지연 옮김 | 8,900원

위대한「잉카 제국」의 흔적을 좇다!

잉카 문명의 탄생과 찬란했던 전성기의 역사, 그리고 신비에 싸여 있는 유적 등 잉카의 매력을 풍부한 사진과 함께 소개한다.

008 수학 공부법

도야마 히라쿠 지음 | 박미정 옮김 | 8,900원

수학의 개념을 바로잡는 참신한 교육법!

수학의 토대라 할 수 있는 양·수·집합과 논리·공간 및 도형·변수와 함수에 대해 그 근본 원리를 깨우칠 수 있도록 새로운 관점에서 접근해본다.

009 우주론 입문 -탄생에서 미래로-
사토 가쓰히코 지음 | 김효진 옮김 | 8,900원

물리학과 천체 관측의 파란만장한 역사!
일본 우주론의 일인자가 치열한 우주 이론과 관측의 최전선을
전망하고 우주와 인류의 먼 미래를 고찰하며 인류의 기원과 미
래상을 살펴본다.

010 우경화하는 일본 정치
나카노 고이치 지음 | 김수희 옮김 | 8,900원

일본 정치의 현주소를 읽는다!
일본 정치의 우경화가 어떻게 전개되어왔으며, 우경화를 통해
달성하려는 목적은 무엇인가. 일본 우경화의 전모를 낱낱이 밝
힌다.

011 악이란 무엇인가
나카지마 요시미치 지음 | 박미정 옮김 | 8,900원

악에 대한 새로운 깨달음!
인간의 근본악을 추구하는 칸트 윤리학을 철저하게 파고든다.
선한 행위 속에 어떻게 악이 녹아들어 있는지 냉철한 철학적 고
찰을 해본다.

012 포스트 자본주의 -과학·인간·사회의 미래-
히로이 요시노리 지음 | 박제이 옮김 | 8,900원

포스트 자본주의의 미래상을 고찰!
오늘날 「성숙·정체화」라는 새로운 사회상이 부각되고 있다. 자
본주의·사회주의·생태학이 교차하는 미래 사회상을 선명하
게 그려본다.

013 인간 시황제
쓰루마 가즈유키 지음 | 김경호 옮김 | 8,900원

새롭게 밝혀지는 시황제의 50년 생애!
시황제의 출생과 꿈, 통일 과정, 제국의 종언에 이르기까지 그
일생을 생생하게 살펴본다. 기존의 폭군상이 아닌 한 인간으로
서의 시황제를 조명해본다.

014 콤플렉스
가와이 하야오 지음 | 위정훈 옮김 | 8,900원

콤플렉스를 마주하는 방법!
「콤플렉스」는 오늘날 탐험의 가능성으로 가득 찬 미답의 영역, 우리들의 내계, 무의식의 또 다른 이름이다. 융의 심리학을 토대로 인간의 심층을 파헤친다.

015 배움이란 무엇인가
이마이 무쓰미 지음 | 김수희 옮김 | 8,900원

'좋은 배움'을 위한 새로운 지식관!
마음과 뇌 안에서의 지식의 존재 양식 및 습득 방식, 기억이나 사고의 방식에 대한 인지과학의 성과를 바탕으로 배움의 구조를 알아본다.

016 프랑스 혁명 -역사의 변혁을 이룬 극약-
지즈카 다다미 지음 | 남지연 옮김 | 8,900원

프랑스 혁명의 빛과 어둠!
프랑스 혁명은 왜 그토록 막대한 희생을 필요로 하였을까. 시대를 살아가던 사람들의 고뇌와 처절한 발자취를 더듬어가며 그 역사적 의미를 고찰한다.

017 철학을 사용하는 법
와시다 기요카즈 지음 | 김진희 옮김 | 8,900원

철학적 사유의 새로운 지평!
숨 막히는 상황의 연속인 오늘날, 우리는 철학을 인생에 어떻게 '사용'하면 좋을까? '지성의 폐활량'을 기르기 위한 실천적 방법을 제시한다.

018 르포 트럼프 왕국 -어째서 트럼프인가-
가나리 류이치 지음 | 김진희 옮김 | 8,900원

또 하나의 미국을 가다!
뉴욕 등 대도시에서는 알 수 없는 트럼프 인기의 원인을 파헤친다. 애팔래치아산맥 너머, 트럼프를 지지하는 사람들의 목소리를 가감 없이 수록했다.

019 사이토 다카시의 교육력 -어떻게 가르칠 것인가-
사이토 다카시 지음 | 남지연 옮김 | 8,900원

창조적 교육의 원리와 요령!
배움의 장을 향상심 넘치는 분위기로 이끌기 위해 필요한 것은
가르치는 사람의 교육력이다. 그 교육력 단련을 위한 방법을 제
시한다.

020 원전 프로파간다 -안전신화의 불편한 진실-
혼마 류 지음 | 박제이 옮김 | 8,900원

원전 확대를 위한 프로파간다!
언론과 광고대행사 등이 전개해온 원전 프로파간다의 구조와
역사를 파헤치며 높은 경각심을 일깨운다. 원전에 대해서, 어디
까지 진실인가.

021 허블 -우주의 심연을 관측하다-
이에 마사노리 지음 | 김효진 옮김 | 8,900원

허블의 파란만장한 일대기!
아인슈타인을 비롯한 동시대 과학자들과 이루어낸 허블의 영
광과 좌절의 생애를 조명한다! 허블의 연구 성과와 인간적인
면모를 살펴볼 수 있다.

022 한자 -기원과 그 배경-
시라카와 시즈카 지음 | 심경호 옮김 | 9,800원

한자의 기원과 발달 과정!
중국 고대인의 생활이나 문화, 신화 및 문자학적 성과를 바탕으
로, 한자의 성장과 그 의미를 생생하게 들여다본다.

023 지적 생산의 기술
우메사오 다다오 지음 | 김욱 옮김 | 8,900원

지적 생산을 위한 기술을 체계화!
지적인 정보 생산을 위해 저자가 연구자로서 스스로 고안하고
동료들과 교류하며 터득한 여러 연구 비법의 정수를 체계적으
로 소개한다.

024 조세 피난처 -달아나는 세금-
시가 사쿠라 지음 | 김효진 옮김 | 8,900원

조세 피난처를 둘러싼 어둠의 내막!
시민의 눈이 닿지 않는 장소에서 세 부담의 공평성을 해치는 온갖 악행이 벌어진다. 그 조세 피난처의 실태를 철저하게 고발한다.

025 고사성어를 알면 중국사가 보인다
이나미 리쓰코 지음 | 이동철, 박은희 옮김 | 9,800원

고사성어에 담긴 장대한 중국사!
다양한 고사성어를 소개하며 그 탄생 배경인 중국사의 흐름을 더듬어본다. 중국사의 명장면 속에서 피어난 고사성어들이 깊은 울림을 전해준다.

026 수면장애와 우울증
시미즈 데쓰오 지음 | 김수희 옮김 | 8,900원

우울증의 신호인 수면장애!
우울증의 조짐이나 증상을 수면장애와 관련지어 밝혀낸다. 우울증을 예방하기 위한 수면 개선이나 숙면법 등을 상세히 소개한다.

027 아이의 사회력
가도와키 아쓰시 지음 | 김수희 옮김 | 8,900원

아이들의 행복한 성장을 위한 교육법!
아이들 사이에서 타인에 대한 관심이 사라져가고 있다. 이에 「사람과 사람이 이어지고, 사회를 만들어나가는 힘」으로 「사회력」을 제시한다.

028 쑨원 -근대화의 기로-
후카마치 히데오 지음 | 박제이 옮김 | 9,800원

독재 지향의 민주주의자 쑨원!
쑨원, 그 남자가 꿈꾸었던 것은 민주인가, 독재인가? 신해혁명으로 중화민국을 탄생시킨 희대의 트릭스터 쑨원의 못다 이룬 꿈을 알아본다.

029 중국사가 낳은 천재들
이나미 리쓰코 지음 | 이동철, 박은희 옮김 | 8,900원

중국 역사를 빛낸 56인의 천재들!
중국사를 빛낸 걸출한 재능과 독특한 캐릭터의 인물들을 연대
순으로 살펴본다. 그들은 어떻게 중국사를 움직였는가?!

030 마르틴 루터 -성서에 생애를 바친 개혁자-
도쿠젠 요시카즈 지음 | 김진희 옮김 | 8,900원

성서의 '말'이 가리키는 진리를 추구하다!
성서의 '말'을 민중이 가슴으로 이해할 수 있도록 평생을 설파하
며 종교개혁을 주도한 루터의 감동적인 여정이 펼쳐진다.

031 고민의 정체
가야마 리카 지음 | 김수희 옮김 | 8,900원

현대인의 고민을 깊게 들여다본다!
우리 인생에 밀접하게 연관된 다양한 요즘 고민들의 실례를 들
며, 그 심층을 살펴본다. 고민을 고민으로 만들지 않을 방법에
대한 힌트를 얻을 수 있을 것이다.

032 나쓰메 소세키 평전
도가와 신스케 지음 | 김수희 옮김 | 9,800원

일본의 대문호 나쓰메 소세키!
나쓰메 소세키의 작품들이 오늘날에도 여전히 사람들의 마음을
매료시키는 이유는 무엇인가? 이 평전을 통해 나쓰메 소세키의
일생을 깊이 이해하게 되면서 그 답을 찾을 수 있을 것이다.

033 이슬람문화
이즈쓰 도시히코 지음 | 조영렬 옮김 | 8,900원

이슬람학의 세계적 권위가 들려주는 이야기!
거대한 이슬람 세계 구조를 지탱하는 종교·문화적 밑바탕을 파
고들며, 이슬람 세계의 현실이 어떻게 움직이는지 이해한다.

034 아인슈타인의 생각

사토 후미타카 지음 | 김효진 옮김 | 8,900원

물리학계에 엄청난 파장을 몰고 왔던 인물!
아인슈타인의 일생과 생각을 따라가보며 그가 개척한 우주의
새로운 지식에 대해 살펴본다.

035 음악의 기초

아쿠타가와 야스시 지음 | 김수희 옮김 | 9,800원

음악을 더욱 깊게 즐길 수 있다!
작곡가인 저자가 풍부한 경험을 바탕으로 음악의 기초에 대해
설명하는 특별한 음악 입문서이다.

036 우주와 별 이야기

하타나카 다케오 지음 | 김세원 옮김 | 9,800원

거대한 우주의 신비와 아름다움!
수많은 별들을 빛의 밝기, 거리, 구조 등을 다양한 시점에서 해
석하고 분류해 거대한 우주 진화의 비밀을 파헤쳐본다.

037 과학의 방법

나카야 우키치로 지음 | 김수희 옮김 | 9,800원

과학의 본질을 꿰뚫어본 과학론의 명저!
자연의 심오함과 과학의 한계를 명확히 짚어보며 과학이 오늘
날의 모습으로 성장해온 궤도를 사유해본다.

038 교토

하야시야 다쓰사부로 지음 | 김효진 옮김 | 10,800원

일본 역사학자의 진짜 교토 이야기!
천년 고도 교토의 발전사를 그 태동부터 지역을 중심으로 되돌
아보며, 교토의 역사와 전통, 의의를 알아본다.

039 다윈의 생애
야스기 류이치 지음 | 박제이 옮김 | 9,800원

다윈의 진솔한 모습을 담은 평전!
진화론을 향한 청년 다윈의 삶의 여정을 그려내며, 위대한 과학자가 걸어온 인간적인 발전을 보여준다.

040 일본 과학기술 총력전
야마모토 요시타카 지음 | 서의동 옮김 | 10,800원

구로후네에서 후쿠시마 원전까지!
메이지 시대 이후 「과학기술 총력전 체제」가 이끌어온 근대 일본 150년. 그 역사의 명암을 되돌아본다.

041 밥 딜런
유아사 마나부 지음 | 김수희 옮김 | 11,000원

시대를 노래했던 밥 딜런의 인생 이야기!
수많은 명곡으로 사람들을 매료시키면서도 항상 사람들의 이해를 초월해버린 밥 딜런. 그 인생의 발자취와 작품들의 궤적을 하나하나 짚어본다.

042 감자로 보는 세계사
야마모토 노리오 지음 | 김효진 옮김 | 9,800원

인류 역사와 문명에 기여해온 감자!
감자가 걸어온 역사를 돌아보며, 미래에 감자가 어떤 역할을 할 수 있는지, 그 가능성도 아울러 살펴본다.

043 중국 5대 소설 삼국지연의 · 서유기 편
이나미 리쓰코 지음 | 장원철 옮김 | 10,800원

중국 고전소설의 매력을 재발견하다!
중국 5대 소설로 꼽히는 고전 명작 『삼국지연의』와 『서유기』를 중국 문학의 전문가가 흥미롭게 안내한다.

044 99세 하루 한마디

무노 다케지 지음 | 김진희 옮김 | 10,800원

99세 저널리스트의 인생 통찰!
저자는 인생의 진리와 역사적 증언들을 짧은 문장들로 가슴 깊
이 우리에게 전한다.

045 불교입문

사이구사 미쓰요시 지음 | 이동철 옮김 | 11,800원

불교 사상의 전개와 그 진정한 의미!
붓다의 포교 활동과 사상의 변천을 서양 사상과의 비교로 알아
보고, 나아가 불교 전개 양상을 그려본다.

046 중국 5대 소설 수호전 · 금병매 · 홍루몽 편

이나미 리쓰코 지음 | 장원철 옮김 | 11,800원

중국 5대 소설의 방대한 세계를 안내하다!
「수호전」, 「금병매」, 「홍루몽」 이 세 작품이 지니는 상호 불가분
의 인과관계에 주목하면서, 서사란 무엇인지에 대해서도 고찰
해본다.

047 로마 산책

가와시마 히데아키 지음 | 김효진 옮김 | 11,800원

'영원의 도시' 로마의 역사와 문화!
일본 이탈리아 문학 연구의 일인자가 로마의 거리마다 담긴 흥
미롭고 오랜 이야기를 들려준다. 로마만의 색다른 낭만과 묘미
를 좇는 특별한 로마 인문 여행.

048 카레로 보는 인도 문화

가라시마 노보루 지음 | 김진희 옮김 | 13,800원

인도 요리를 테마로 풀어내는 인도 문화론!
인도 역사 연구의 일인자가 카레라이스의 기원을 찾으며, 각지
의 특색 넘치는 요리를 맛보고, 역사와 문화 이야기를 들려준다.
인도 각 고장의 버라이어티한 아름다운 요리 사진도 다수 수록
하였다.

049 애덤 스미스
다카시마 젠야 지음 | 김동환 옮김 | 11,800원

우리가 몰랐던 애덤 스미스의 진짜 얼굴
애덤 스미스의 전모를 살펴보며 그가 추구한 사상의 본뜻을 이해하고, 근대화를 향한 투쟁의 여정을 들여다본다

050 프리덤, 어떻게 자유로 번역되었는가
야나부 아키라 지음 | 김옥희 옮김 | 12,800원

근대 서양 개념어의 번역사
「사회」, 「개인」, 「근대」, 「미」, 「연애」, 「존재」, 「자연」, 「권리」, 「자유」, 「그, 그녀」 등 10가지의 번역어들에 대해 실증적인 자료를 토대로 성립 과정을 날카롭게 추적한다.

051 농경은 어떻게 시작되었는가
나카오 사스케 지음 | 김효진 옮김 | 12,800원

농경은 인류 문화의 근원!
벼를 비롯해 보리, 감자, 잡곡, 콩, 차 등 인간의 생활과 떼려야 뗄 수 없는 재배 식물의 기원을 공개한다.

052 말과 국가
다나카 가쓰히코 지음 | 김수희 옮김 | 12,800원

언어 형성 과정을 고찰하다!
국가의 사회와 정치가 언어 형성 과정에 어떠한 영향을 미치는지, 그 복잡한 양상을 날카롭고 알기 쉽게 설명한다.

053 헤이세이(平成) 일본의 잃어버린 30년
요시미 슌야 지음 | 서의동 옮김 | 13,800원

일본 최신 사정 설명서!
거품 경제 붕괴, 후쿠시마 원전사고, 가전왕국의 쇠락 등 헤이세이의 좌절을 한 권의 책 속에 건축한 '헤이세이 실패 박물관'.

054 미야모토 무사시 -병법의 구도자-
우오즈미 다카시 지음 | 김수희 옮김 | 13,800원

미야모토 무사시의 실상!
무사시의 삶의 궤적을 더듬어보는 동시에, 지극히 합리적이면서도 구체적으로 기술된 그의 사상을 『오륜서』를 중심으로 정독해본다.

055 만요슈 선집
사이토 모키치 지음 | 김수희 옮김 | 14,800원

시대를 넘어 사랑받는 만요슈 걸작선!
『만요슈』작품 중 빼어난 걸작들을 엄선하여, 간결하면서도 세심한 해설을 덧붙여 한 권의 책으로 엮어낸『만요슈』에센스집.

056 주자학과 양명학
시마다 겐지 지음 | 김석근 옮김 | 13,800원

같으면서도 달랐던 두 가지 시선!
중국의 신유학은 인간을 어떻게 이해하려 했는가? 동아시아 사상사에서 빼놓을 수 없는 주자학과 양명학의 역사적 역할을 분명히 밝혀본다.

057 메이지 유신
다나카 아키라 지음 | 김정희 옮김 | 12,800원

일본의 개항부터 근대적 개혁까지!
메이지 유신 당시의 역사적 사건들을 깊이 파고들며 메이지 유신이 가지는 명과 암의 성격을 다양한 사료를 통해서 분석한다.

058 쉽게 따라하는 행동경제학
오타케 후미오 지음 | 김동환 옮김 | 12,800원

행동경제학을 제대로 사용하는 방법!
보다 좋은 의사결정과 행동을 이끌어내는 지혜와 궁리가 바로 넛지(nudge)이며, 이러한 넛지를 설계하고 응용하는 방법을 소개한다.

059 독소전쟁
-모든 것을 파멸시킨 2차 세계대전 최대의 전투-

오키 다케시 지음 | 박삼헌 옮김 | 13,800원

인류역사상 최악의 전쟁인 독소전쟁!
2차 세계대전 승리의 향방을 결정지은 독소전쟁을 정치, 외교, 경제, 리더의 세계관 등 다양한 측면에서 살펴본다.

060 문학이란 무엇인가

구와바라 다케오 지음 | 김수희 옮김 | 12,800원

뛰어난 문학작품은 우리를 변혁시킨다!
날카로운 통찰력으로 바람직한 문학의 모습과 향유 방법에 관한 문학 독자들이 던지는 질문에 명쾌한 해답을 제시한다.

061 우키요에

오쿠보 준이치 지음 | 이연식 옮김 | 15,800원

전 세계 화가들을 단숨에 매료시킨 우키요에!
우키요에의 역사, 기법, 제작 방식부터 대표 작품, 화가에 이르기까지 우키요에의 모든 것을 다양한 도판 70여 장과 함께 살펴본다.

062 한무제

요시카와 고지로 지음 | 장원철 옮김 | 13,800원

중국 역사상 가장 찬란했던 시대!
적극적 성격의 영명한 전제군주였던 무제. 그가 살았던 시대를 생동감 있는 표현과 꼼꼼한 묘사로 현재에 되살려낸다.

063 동시대 일본 소설을 만나러 가다

사이토 미나코 지음 | 김정희 옮김 | 14,800원

생생한 일본 문학의 흐름을 총망라!
급변하는 현대 일본 사회를 관통하는 다양한 시대 정신이 어떻게 문학 작품에 나타났는지 시대별로 살핌으로써 이 책은 동시대 문학의 존재 의미란 무엇인지 선명하게 보여준다.

064 인도철학강의
아카마쓰 아키히코 지음 | 권서용 옮김 | 13,800원

열 개의 강의로 인도철학을 쉽게 이해한다!
세계의 성립, 존재와 인식, 물질과 정신, 그리고 언어 자체에 관한 깊은 사색의 궤적을 살펴, 난해한 인도철학의 재미와 넓이를 향한 지적 자극을 충족시킨다!

065 무한과 연속
도야마 히라쿠 지음 | 위정훈 옮김 | 12,800원

흥미진진한 현대수학으로의 여행!
하루가 다르게 새로운 기술이 쏟아지는 지금, 과학의 시대를 뒷받침하는 학문으로서 현대수학을 복잡한 수식 없이 친절하게 설명하는 개념서!

066 나쓰메 소세키, 문명을 논하다
미요시 유키오 지음 | 김수희 옮김 | 14,800원

내밀한 근대 일본의 풍경!
강연, 평론, 편지글, 일기, 단편 등을 통해 작가로서뿐 아니라 평론가, 연구자로서의 면모를 유감없이 드러내는 나쓰메 소세키의 신랄한 문명 비판론이다.